【孟子思想體系】

孟子

精義選粹

劉執中◆編撰

目次

陸、行為思想……307

代序　宏辯衛道的聖雄——孟子

中國的思想，從春秋進入了戰國時代後，正如一夜春風吹遍了江南堤岸，到處是青枝，到處是綠葉，到處是柳暗與花明。

在春秋時代，活躍的只有儒家。其他各派，雖然都已播種，都在抽芽，但仍然是深埋在泥地裏。到了戰國初期，最先脫穎而出的是墨家。它與儒家對抗，左右相映，形成了當代的兩大顯學。接著另一派隱士的道家，也默默的在每個角落裡尋找他們的天地。這種趨勢，發展到戰國中期，愈益激烈。這時，以前各派的思想愈變愈分歧，陣容也愈來愈複雜；儒家增入了許多假儒者，墨家分為三派，道家也混入了許多縱慾主義。再加上當時新產生的商鞅等法家，孫臏、吳起等兵家，蘇秦、張儀等縱橫家，以及許多清談好辯的「稷下先生」。這時期思想的波動，已達到了高潮；而思想的怪誕和紛歧，也是史無前例的。有的勸人像禽獸般恣情縱慾，如它囂，魏牟；有的勸人像石頭般麻木不仁，如田駢、慎到。這些荒謬大膽，光怪陸離的學說，應有盡有。把整個戰國時代，點綴得彷彿一個思想界的大觀園。

這時，堂堂正正以仁政仁心為號召的儒家，反被冷落於一旁。在他們的眼中，儒家的學說，空疏迂闊，不合時務；而且所言過於平正，沒有吸引力。可是在儒家的眼中，這些異說紛紜的各派各家，都只是標新立異，借奇鳴高而已。非但無補於世道，而且有害於人心。使得綱紀盪然，社會混亂。所以這時的儒家們，都深深的感覺到，要真正使國家走上治平之道，固然必須發揚儒家的學說；但要發揚儒家的學說，卻首先必須「正人心，息邪說」。

在當時的儒家中，最先有這個覺醒，有這層認識；而且一手挽轉頹風，使儒家大放異采的，卻是我們的亞聖——孟子。

（……）

孟子一生的抱負就是要繼承孔子弘揚儒道，這一使命孟子是有聲有色的完成了。孔門弟子雖號稱三千，賢者數逾七十；然而大抵都只是些頌經樂道的君子。他們對謹守師說，努力作人，尚能各有所長；至於發揚孔子之學，光大孔子之業，卻無此才氣。縱使顏淵不死，也不過對孔子的學術思想能有極高的領悟而已；若想有魄力有辦法的弘學救世，使人接受孔子之道，那也絕非他之所長。因此假如沒有孟子出來，則孔子的精神勢必為其平淡的外貌所掩埋；孔子的大道勢必為那些淺見的眾人所摒棄，還那裡會其道大行，尊為至聖？孟子所以能達成這一輝煌使命，一方面在其能闡揚孔學的精義，使學者能認識孔學的偉大價值；一方面在其能有辦法懾服那些擁有威權的君王政要，使他們尊崇孔子的地位。唯有這些代表社會權威的人物能崇敬，然後才能得到整個社會的信奉。

（……）

孟子生平的奮鬥，有兩個目標：一是在思想上發揚儒學；一是從政治上推行仁政，也就是把儒家的理想實踐出來。綜觀他的生平，顯然政治方面的奮鬥是勞而無功，但在更為基本的思想方面，卻有驚人的成就。儒學的開創在於孔子，而發揚之功，則必須歸給孟子了。

摘自《中國哲學史話》張起鈞　吳怡　著

凡例

一、本書編譔主旨，在擷取《孟子》精義，予以歸納。並力求體系明晰，理致井然，使讀者能減少研讀全文之時間與精力，而對孟子思想體系有全盤性、系統性的瞭解與認識，以收「取精用弘」，「事半功倍」之效。

二、本書不囿於現行版本之篇、章順序，分為：「夫子（孟子）自道、闢異端、道性善、倡仁政以及教育思想、行為思想等。

三、本書《孟子》原文之篇、章，概據《朱熹集註》《焦循正義》版本（商務國學叢書、世界諸子集成）為準。特於各章、節前，標明「主題」，並於文末註明原篇、章。如（盡心上或下第ㄨㄨ章）是。

四、譯注部份，大多採用楊伯峻之《孟子譯注》。譯文之特點主在忠於原著、保有原風格；而且詞句淺鮮，文筆流暢。遇有須加補充以足原文語氣者，則以（　）號標記之。

五、注釋部份，以◎標示之。包括字音、詞義、語法、歷史知識、地理沿革、名物制度和風俗習慣等。過有生僻費解字、詞，或文有歧義處，則擇其善者而為之。或以一己千慮之得者，以「按語：」說明之。

六、一般字、詞之注釋，本書予以省略，讀者如欲求其確解，可於「譯文」語句中得之。

七、附錄（一）韓愈「原道」一文之節錄，意在補孟子〈無有乎爾〉意有未足處，以明道統之傳承。

八、本書之編譔，雖經多次刪補、修改，但限於學識譾陋，體例或有不純，取捨容有不妥，謹誠懇地企望博雅君子，不吝指正。

孟子思想體系《孟子》精義選粹

湘陰 劉執中 編撰

概述

一、孟子小傳——《史記》孟荀列傳　司馬遷

孟軻、騶人也。受業子思之門人。道既通，游事齊宣王。宣王不能用，適梁。梁惠王不果所言，則見以為迂遠，而濶於事情。當是之時，秦用商君，富國、強兵。楚魏用吳起，戰勝、弱敵。齊威王、宣王用孫子、田忌之徒，而諸侯東面朝齊。天下方務於合從連衡，以攻伐為賢。而孟軻乃述唐虞三代之德。是以所如者不合，退而與萬

章之徒，敘詩書、述仲尼之意，作《孟子》七篇。（節錄）

【譯文】孟子名軻，（表字不詳。魏、王肅說他字子車。晉、傅玄說他字子輿。但東漢趙岐的〈孟子題辭〉說：沒有聽說過。可見王、傅的說法，是編造出來的。）騶（鄒）國人。受業於子思（孔子之孫）的門人。對治道（王道）博通後游於齊國事宣王。但齊宣王不能重用，便去到梁國，梁惠王不以他的言論主張為然，認為他的思想迂遠，不切實際，正在那個時候，秦國任用商鞅富國強兵。楚國、魏國任用吳起，戰勝多國，削弱了敵方勢力。齊威王、宣王任用孫子（武），田忌這些人，使得多國諸侯，不得不向東方強勢的齊國歸附。時值天下各國熱衷合縱、連橫的策略，認為能征善戰以攻城略地是了不起的事情。但孟軻卻述說唐堯、虞舜（夏禹）三代的德業、德政，和稱霸逞強的強權唱反調。因此，與所接觸的諸侯，都不能磨合（無法達成理想，施展抱負。）便引退下來，和門人萬章等人，整理古藉詩，書，闡述孔子的思想，著作《孟子》（計梁惠王、公孫丑、滕文公、離婁、萬章、告子、盡心）共七篇。

◎「孟子的生卒年月不詳，古今有各種推斷，用孟子原書來核對，認為他生於周安王十七年（公元前三百八十五年）前後一說比較合理。元程復心《孟子年譜》（《四庫全書總目提要》說是譚貞默作），說他「壽八十四歲」。如果可信，卒年當在周赧王十一年（公元前三百零四年）前後。」（楊伯峻）

二、《孟子》的篇數和編者

（一）篇數

《孟子》一書，書名同諸子，而體裁似《論語》。今本凡七篇，即梁惠王、公孫丑、滕文公、離婁，萬章、告子、盡心。《史記》〈孟荀列傳〉明言「作《孟子》七篇」。故今存十三經中的《孟子》，並無殘缺。但是劉歆《七略》和班固《漢志》著錄則為十一篇，較《史記》多四篇。按應劭《風俗通義》〈窮通篇〉言「孟子作書內外十一篇」，趙岐〈孟子題辭〉說「孟子著書七篇。……又有外書四篇：性善辯、文說、孝經、為政。（或作性善、辯文，說孝經、為政）其文不能宏深，不與內篇相似，似非《孟子》本真，後世依倣而託也。」據此，則《孟子》原有內外篇之分，內篇為現行本《孟子》七篇；《漢志》所多的四篇，或許就是外篇了。外書四篇在趙岐時尚存，大概因為趙歧以四篇外書為偽託，不為作注，將其剔去，所以後世無傳。觀於《史記》、《說苑》、《法言》、《鹽鐵論》及兩漢諸書所引《孟子》為今本所無者頗多，則《孟子》不止於現有的七篇，當屬事實。唯《孟子》內書七篇之題，皆取首章第一二句中二三字，為無意義的篇題，何以外書四篇，篇題又皆具有意義，又在疑似之間。（王充《論衡》〈本性篇〉說孟子作「性善之篇」，與趙岐《題辭》所謂「性善辯」相異）今外書四篇本文已亡，後出者（如明季有姚士粦者自言得《孟子》外書四篇）又非其本真，所以我們讀《孟子》，只能讀今存完全可靠的七篇。

（二）編者

《孟子》的作者，諸說不一：有以為孟子自著者，有以為弟子記述者，又有謂孟子與弟子共撰者。據《史記》〈孟荀列傳〉稱：「孟軻遊事諸侯，所如者不合，退而與萬章之徒，序詩書，述仲尼之意，作〈孟子〉七篇。」趙岐〈孟子題辭〉說法與《史記》略同，皆以本書為孟子與門徒共撰，這是漢儒相傳的古說。而唐韓愈答張籍書卻說：「孟軻之書，非軻自著。軻既沒，其徒萬章、公孫丑相與記軻所言耳。」宋晁公武《郡齋讀書志》亦說：「書載孟子所見諸侯皆稱謚，如齊宣王、梁惠王、滕文公、魯平公是也。夫死然後有謚，軻著書時，所見諸侯不應皆死，且惠王元年至平公之卒，凡七十七年，孟子見惠王，王目之曰叟，必已老矣，必不見平公之卒也，後人追之明矣。故予以愈言為然。」此則以為本書由門人記述，而不出孟子自撰，這是唐宋人後起懷疑說法。另外，宋《朱子語類》說：「《論語》多門弟子所集，故言語有長短不類處。《孟子》疑自著之書，故首尾文字一體，無些子瑕疵，不是自下手，安得如此！」又說：「觀七篇筆勢，如鎔鑄而成，非綴輯可就。」清閻若璩《孟子生卒年月考》說：「《論語》成於門人之手，故記聖人容貌甚悉。七篇成於己手，故但記言語或出處耳！」這又認為本書是孟子自著。然則《孟子》七篇，究為自撰、抑門弟子所記述？曰、二者殆皆兼而有之。大約弟子們撰記所聞，孟子因而論集之，故全書文字，首尾一體，七篇筆勢，如鎔鑄而成。而成書之後，又經門人之敘定，故同門稱謂，有所追改，而諸侯皆加謚號。書中獨滑王未加謚號，故可能在滑王時編定傳世（陳弘治　撰　摘自《國學導讀叢編》）。

按：（滑王，可能是齊滑王。「周赧王三十一年，燕昭王使樂毅伐齊，入臨淄，齊滑王走死。下齊七十餘城。」《國史年表周紀表》時當孟子卒後約二十年。《孟子》文中未加謚號者為宋王偃，與此有異。據楊伯峻《孟子譯注》導言注云：「七篇之中，有宋王沒有稱謚。這宋王便是宋王偃（即《韓非子》《淮南子》所稱之徐王偃。）他不但死在孟子之後，而且他是亡國之君，當時沒有謚號可稱，所以孟子弟子並沒有給他補上。」

三、《孟子》一書的定位

由「子」而「傳」而「經」的歷史流程

趙岐的〈題辭〉說：「孟子退自齊梁，述堯舜之道而著作焉，此大賢擬聖而作者也」。又說：「《論語》者，五經之錧鎋，六藝之喉衿也。孟子之書則而象之。」這些話，把《孟子》和《論語》相比，似乎有些道理，也確實代表了兩漢人一般的看法。所謂似乎有些道理，我們拿它和當時別的子書一比便知。《墨子》成書年代雖不敢完全肯定，但其中有若干篇是墨子的弟子所作，其成篇甚或早於《孟子》，應該不必懷疑，莊子生卒年月僅略後於孟子，荀子的早年也和孟子的晚生相值者有三十多年，《莊子》的〈內篇〉應該是莊周的手筆，《荀子》則基本上是荀卿的手筆。《墨子》、《莊子內篇》、《荀子》都是每篇各有主旨，而篇名也與主旨相應。《孟子》卻不然，各章的篇幅雖然比《論語》長，但各章間的連繫並沒有一定的邏輯關係；積章而成篇，篇名也只是撮取第一句的幾個字，並無所取義。這都是和《論語》相同，而和《墨子》、《莊子》、《荀子》相異的。所以趙岐說《孟子》是擬《論語》而作，不無道理。趙岐把《論語》看成是「五經之錧鎋，六藝之喉衿」，《孟子》又是「擬聖而作」，那《孟子》也成為經書的傳記了。儘管《漢書藝文志》把《孟子》放在《諸子略中》，視為子書，但漢人心目中卻把它看成輔翼「經書」的「傳」。漢文帝把《論語》、《孝經》、《孟子》、《爾雅》各置博士，便叫「傳記博士」。王充《論衡》〈對作篇〉說：「楊墨之學不亂傳義，則《孟子》之傳不造。」明明把《孟子》看為傳。又如《漢書》〈劉向傳〉、《後漢書》〈梁冀傳〉、《說文解字》等書所引《孟子》都稱「傳曰」。可見把《孟子》和《論語》並列，不是趙岐「一人之私言」，而是兩漢人的公論。到五代後蜀時，後蜀主孟昶命毋昭裔楷書《易》、《書》、《詩》、《儀禮》、《周禮》、《禮記》、《公羊》、《穀梁》、《左傳》、《論語》、《孟子》十一經刻石，宋太宗又加翻刻，這恐怕是《孟子》列入「經書」的定位。到南宋孝宗的時候，朱熹在《禮記》中取出《大學》、《中庸》兩篇，認為是曾子和子思的作品，與《論語》、《孟子》合在一起，稱為《四書》，於是《孟子》的地位更加提高了。到明清兩朝，規定科舉考試中八股文的題目從《四書》中選取，而且要「代聖人立言」，於是當時任何讀書人便不得不讀《孟子》以應付科舉獵取功名了。

摘自楊伯峻《孟子譯注》〈導言三〉

壹、夫子（孟子）自道

一、思想淵源

（一）無有乎爾

孟子曰：「由堯、舜至於湯，五百有餘歲；若禹、皐陶則見而知之，若湯則聞而知之。由湯至於文王，五百有餘歲；若伊尹、萊朱①則見而知之，若文王則聞而知之。由文王至於孔子，五百有餘歲；若太公望、散宜生②則見而知之，若孔子則聞而知之。由孔子而來至於今，百有餘歲；去聖人之世，若此其未遠也；近聖人之居，若此其甚也，然而無有乎爾！則亦無有乎爾！」（盡心下、第三十八章）

【譯文】孟子說：「從堯舜到湯，經歷了五百多年，像禹、皐陶那些人，便是親身看見堯舜之道而知道的；像湯便是只聽到堯舜之道而知道的。從湯到文王，又有五百多年，像伊尹、萊朱那些人，便是親自看見而知道的；像文王便只是聽到而知道的。從文王到孔子，又有五百多年，像太公望、散宜生那些人，便是親自看見而知道的；像孔子便只是聽到而知道的。從孔子一直到今天，一百多年了，離開聖人的年代像這樣不遠，距離聖人的家鄉又這樣的近，但是沒有繼承的人，也竟然沒有繼承的人了。」

◎①萊朱—趙岐云：「萊朱、湯賢臣也。一曰仲虺是也。」焦循云：「在湯時，舉一伊尹、萊朱，則當時賢臣如女鳩、女房、義伯、仲伯，咎單等括之矣。在文王時，舉一太公望、散宜生，則虢叔、泰顛、閎夭、召公、畢公、榮公等括之矣。非謂見知者，僅此一二人也。」譯文從之，故加「那些人」三字。

②散宜生—《尚書》〈君奭〉篇有其名。《偽孔傳》以為姓散名宜生，江聲《尚書集註音疏》云：「《大戴禮》〈帝繫〉云：『堯取于散宜氏之子』，則散宜為氏，自古有之，偽孔非是。」按：周彝器，有散氏盤，則散為姓，亦非無據。

（一一）未得為孔子徒

孟子曰：「君子之澤五世而斬，小人之澤①五世而斬。予未得為孔子徒也，予私淑②諸人也。」（離婁下、第二十二章）

【譯文】孟子說：「君子的流風餘韻五代以後便斷絕了。小人的流風餘韻五代以後也斷絕了。我沒有能夠做孔子的門徒，我是自已向人學習來的。」

◎①君子之澤，小人之澤—趙歧以「大德大凶」解「君子小人」，則當以「影響」兩字譯「澤」字。朱熹云：「澤，猶言流風餘韻也。」

②淑—借為「叔」，《說文》：「叔，取也。」

二、胸襟與氣勢

（一）大人之事

王子墊①問曰：「士何事？」

孟子曰：「尚志。」

曰：「何謂『尚志』」

曰：「仁義而已矣。殺一無罪，非仁也；非其有而取之，非義也。居②惡在？仁是也；路惡在？義是也。居仁由義，大人之事備矣。」（盡心、上第三十三章）

【譯文】王子墊問道：「士幹什麼事？」

孟子答道：「士要使自已的志行高尚。」

問道：「怎麼才算使自已的志行高尚？」

答道：「仁和義罷了。殺一個無罪的人，是不仁；不是自已所有，卻去取了過來，是不義。所居住之處在那裡呢？仁便是；所行走之路在那裡呢？義便是。居住於仁，行走由義，大人的工作便齊全了。」

◎①王子墊（ㄉㄧㄢˋ）—趙歧云：齊王子，名墊。

②「居惡在，路惡在」句之二「惡」字，音ㄨ，何也。

（二）大丈夫（可與〈小丈夫〉參看，頁三五二）

景春①曰：「公孫衍②張儀③，豈不誠大丈夫哉？一怒而諸侯懼；安居而天下熄④。」

孟子曰：「是焉得為大丈夫乎？子未學《禮》乎？丈夫之冠也，父命之；女子之嫁也，母命之，往送之門，戒之曰：『往之女家，必敬必戒，無違夫子！』以順為正者。妾婦之道也。居天下之廣居，立天下之正位，行天下之大道⑤；得志，與民由之，不得志，獨行其道：富貴不能淫，貧賤不能移，威武不能屈：此之謂大丈夫。」（滕文公下、第二章）

【譯文】景春說：「公孫衍和張儀難道不是真正的大丈夫嗎？一發脾氣，諸侯便都害怕，安靜下來，天下便太平無戰事。」

孟子說：「這個怎能叫做大丈夫呢！你沒有學過禮嗎？男子舉行加冠禮的時候，父親給以訓導，女子出嫁的時候，母親給以訓導，送她們到門口，告誡她說：『到了你婆家，一定要恭敬，一定要警惕，不要違背丈夫。』以順從為最大原則的，這是婦女之道。（至於男子，）應住在天下最寬廣的住宅──（仁）──裏，站在天下最正確的位置──（禮）──上，走著天下最光明大路──（義）──上；得志的時候，偕同百姓循著大道前進；不得志的時候，也獨自堅持自己的原則，富貴不能亂我之心，貧賤不能變我的志，威武不能屈我之節，這樣才叫做大丈夫。」

◎①景春──與孟子同時，為縱橫之術者。《漢書》〈藝文志〉〈兵陰陽家〉有《景子》十三篇，疑即此人。

②公孫衍──即魏人犀首，當時著名說（ㄕㄨㄟˋ）客。配五國相印，《史記》卷七十有傳。

③張儀──魏人，游說六國連橫去服從秦國的大說客。《史記》卷七十有傳。

④熄──趙岐云：「安居不用辭說，則天下兵革熄也。」譯文以「太平無戰爭」譯之。

⑤廣居、正位、大道──朱熹云：「廣居、仁也；正位、禮也；大道、義也。」楊伯峻：「按之《論語》『立於禮』、《孟子》『居仁由義』、（盡心上、三十三章）『仁、人之安宅也』、（公孫丑上、第七章、離婁上、第十章）『義、人路也』、（告子上、十一章）諸語，朱熹所釋，最能探得孟子本旨。

（三）說大人則藐之

孟子曰：「說①大人，則藐之，勿視其巍巍然。堂高②數仞，榱③題數尺。我得志弗為也；食前方丈，侍妾數百人，我得志弗為也，般樂飲酒，驅騁田獵，後車千乘，我得志弗為也。在彼者，皆我所不為也；在我者，皆古之制也；吾何畏彼哉！」

（盡心下、第三十四章）

【譯文】孟子說：「向諸侯進言，就得輕視他，不要把他高高在上的地位放在眼裡。殿堂的基礎好幾丈高，屋簷幾尺寬，我如果得志，不這樣幹。菜餚滿桌，妻妾幾百，我如果得志，不這樣幹。飲酒作樂，馳騁田獵，跟隨的車子千多輛，我如果得志，不這樣幹。他所幹的，都是我所不幹的；我所幹的，都符合古代制度，那我為什麼要怕他呢？」

◎①說—音（ㄕㄨㄟˋ），遊說。

②堂高—焦循云：「經傳稱堂高者，皆指堂階而言。」故譯文加「基礎」兩字。

③榱（ㄘㄨㄟ）—本義是屋椽子（支持房頂承托灰瓦的細長條木材）此處可能是指屋簷而言。

(四)不為管仲

孟子將朝王，王使人來曰：「寡人如①就見者也，有寒疾，不可以風。朝，將視朝②，不識可使寡人得見乎？」

對曰：「不幸而有疾，不能造朝。」

明日，出弔於東郭氏③。公孫丑曰：「昔者，辭以病，今日弔，或者不可乎！」

曰：「昔者疾，今日愈，如之何不弔？」

王使人問疾，醫來。

孟仲子④對曰：「昔者有王命，有采薪⑤之憂，不能造朝；今病小愈，趨造於朝，我不識能至否乎？」

使數人要⑥於路，曰：「請必無歸，而造於朝。」

不得已而之景丑氏⑦宿焉。

景子曰：「內則父子，外則君臣，人之大倫也。父子主恩，君臣主敬；丑見王之敬子也，未見所以敬王也。」

曰：「惡！是何言也！齊人無以仁義與王言者，豈以仁義為不美也？其心曰：

『是何足與言仁義也』云爾。則不敬莫大乎是！我非堯、舜之道，不敢以陳於王前，故齊人莫如我敬王也。」

景子曰：「否！非此之謂也。禮曰：『父召無諾；君命召，不俟駕。』固將朝也，聞王命而遂不果⑧，宜⑨與夫禮若不相似然。」

曰：「豈謂是⑩與？曾子曰：『晉、楚之富，不可及也。彼以其富，我以吾仁；彼以其爵，我以吾義⑪。吾何慊⑫乎哉？』夫豈不義而曾子言之？是或一道也。天下有達尊三：爵一，齒一，德一。朝廷莫如爵，鄉黨莫如齒，輔世長民莫如德。惡得有其一，以慢其二哉！故將大有為之君，必有所不召之臣，欲有謀焉則就之；其尊德樂道，不如是，不足與有為也。故湯之於伊尹，學焉而後臣之，故不勞而王；桓公之於管仲，學焉而後臣之，故不勞而霸。今天下地醜⑬德齊，莫能相尚；無他，好臣其所教，而不好臣其所受教。湯之於伊尹，桓公之於管仲，則不敢召；管仲且猶不可召，而況不為管仲者乎？」（公孫丑下、第二章）

【譯文】孟子準備去見齊王，恰巧王派了個人來，說道：「我本應該來看你，但是感冒了，不能吹風。如果你肯來朝，我便也臨朝辦公，不曉得能夠使我看到你嗎？」

孟子（對使者）答道：「不幸得很，我也有病，不能到朝廷裡來。」

第二天，孟子要到東郭大夫家裡去弔喪。公孫丑說：「昨天託辭有病謝絕王的召見，今天又去弔喪，大概不可以吧？」

孟子說：「昨天生了病，今天好了，為什麼不去弔喪呢？」

齊王派人來問病，並且有醫生同來。

孟仲子應付說：「昨天有命令來，他得著小病，不能奉命上朝去。今天剛好了一點，已經上朝去了，但我不知道能夠到達否。」

接著孟仲子派了好幾個人分別在孟子歸來的路上攔截孟子，說道：「您無論如何不要回家，一定要趕快上朝廷去！」

孟子沒有辦法，只得跑到景丑的家裡歇宿。

景丑說：「在家庭裡有父子，家庭外有君臣，這是人與人之間最重要的關係。父子之間以慈愛為主，君臣之間以恭敬為主。我只看見王對你很尊敬，但沒有看見你對王是怎樣恭敬的。」

孟子說：「唉！這是什麼話！在齊國人中，沒有一個拿仁義的道理向王進言的，他們難道以為仁義不好嗎？（不是的。）他們的心裡是這樣想的：『這個王那能夠得上和他談仁義呢？』他們對王就是這樣的。這才是最大的不恭敬呢！我呢，不是堯舜之道，不敢拿來向王陳述，所以在齊國人中，沒有一個能趕得上我這樣對王恭敬的。」

景丑說：「不，我所說的不是指這個。《禮經》上說過，父親召喚，『唯』一聲就起身，不說『諾』；君主召喚，不等待車馬駕好就先走。你呢，本來準備朝見王，一聽到王要召見，反而不去了，似乎和禮經所說有點不相合吧！」

孟子說：「原來你說的是這個呀！曾子說過：『晉國和楚國的財富，是我們趕不上的。但是，他有他的財富，我有我的仁；他有他的爵位，我有我的義，我為什麼覺得比他少了什麼呢？』這些話如果沒有道理，曾子難道肯說嗎？大概是有點道理的。天下公認為尊貴的東西有三樣：爵位是一個，年齡是一個，道德是一個。在朝廷中，先論爵位；在鄉里中，先論年齡；至於輔助君王統治百姓，自然以道德為最上。他那能憑著爵位來輕視我的年齡和道德呢？所以大有作為的君主，一定有他的不能召喚的臣子；若有什麼事要商量，就親自到臣子那裡去，表示尊尚道德和樂行仁政。如果不這樣，便不足和他有所作為。因此，商湯對於伊尹，先向伊尹學習，然後以他為臣。於是乎不大費力氣而統一了天下；桓公對於管仲，也是先向他學習，然後以他為臣，於是乎不大費力氣而稱霸於諸侯。現在各個大國，土地大小是同一樣的，行為作風也不相上下，彼此之間誰也不能凌駕在誰之上，沒有別的緣故，正是因為他們只喜歡以聽從他的話的人為臣，卻不喜歡以能夠教導他的人為臣。商湯對於伊尹，桓公對於管仲，就不敢召喚。管仲還不可以召喚，何況連管仲都不願做的人呢？」

◎①如—助動詞，宜也，當也。

②朝，將視朝—趙岐云：「倘可來朝，欲力疾視朝。第一「朝」字讀同「朝見」之「朝」。朱熹：「上『朝』字為『朝暮』之『朝』為『將視朝』的時間詞，亦通。

③東郭氏—齊有東郭氏為大夫之家。

④孟仲子—趙岐云：「孟子之從昆弟，學於孟子。」

⑤采薪—「采」，「採」之本字。采薪，為疾病之代詞，為當時交際上習慣用語。

⑥要—（一ㄠ），遮攔之意。

⑦景丑氏—其人不可考。

⑧不果—事之合於預期者曰果，否則曰不果。

⑨宜—王念孫云：「宜、猶殆也。」

⑩是與—是，此。與，同歟。

⑪彼以其富四句，四句的主要動詞似都有所省略。譯文是用意譯法。

⑫慊—少也。此處為動詞意動用法，以為少的意思。

⑬醜—同也。

（五）舍我其誰

孟子去齊，充虞問曰：「夫子若有不豫色然。前日虞聞諸夫子曰：『君子不怨天，不尤人①。』」

曰：「彼一時，此一時也②。五百年必有王者興，其間必有名世者③。由周而來，七百有餘歲矣④；以其數，則過矣；以其時考之，則可矣。夫天未欲平治天下也；如欲平治天下，當今之世，舍⑤我其誰也？吾何為不豫哉？」（公孫丑下、第十三章）

【譯文】孟子離開齊國，在路上，充虞問道：「您似乎有不快樂的樣子。但是，從前我听您說過：『君子不抱怨天，不責怪人。』（今天又為什麼如此呢？）」

孟子說：「那又是一個時候，現在又是一個時候，（情況不同啦！歷史上看來，）每遇五百年一定有位聖君興起，而且還會有命世之才從其中出來。自周武王以來，到現在已經七百多年了。論年數，超過了五百；論時勢，現在該是聖君賢臣出來的時候了。天不想使天下太平便罷了；如果想使天下太平，在今日的社會裡，除開我，還有誰呢？我為什麼不快樂呢！」

◎①不怨天，不尤人—實是孔子的話。見《論語》〈憲問〉。孟子大概曾向學生轉述過。

②彼一時此一時也—焦循：彼一時，當指在暇豫時，為弟子轉述「君子不怨天，不尤人」之時。此一時，則指今孟子去齊，為行、藏、治、亂關係之時。

③名世—疑即後代之「命世」。「古代「名」與「命」通用。係指輔助「王者」之臣而言，也許是孟子的自況。

④七百餘歲矣—江永《群經補義》云：「孟子去齊，在燕人畔之後，蓋當周赧王三年己酉。」江氏考訂，自乙卯至赧王實得七百三十九年。但據朱右曾《汲冢紀年存真》的考較，則少了十六年，實得七百二十三年。

⑤舍—「捨」之本字。

（六）傳食不為泰

彭更①問曰：「後車數十乘，從者數百人，以傳食②於諸侯，不以泰乎？」

孟子曰：「非其道，則一簞食不可受於人。如其道，則舜受堯之天下，不以為泰；子以為泰乎？」

曰：「否；士無事而食，不可也。」

曰：「子不通功易事，以羨③補不足，則農有餘粟，女有餘布。子如通之，則梓匠輪輿④，皆得食於子。於此有人焉，入則孝，出則悌，守先王之道，以待⑤後之學者，而不得食於子。子何尊梓匠輪輿而輕為仁義者哉？」

曰：「梓匠輪輿，其志將以求食也；君子之為道也，其志亦將以求食與？」

曰：「子何以其志為哉？其有功於子，可食而食之矣！且子食志乎？食功乎？」

曰：「食志。」

曰：「有人於此，毀瓦畫墁⑥，其志將以求食也，則子食之乎？」

曰：「否。」

曰：「然則子非食志也，食功也。」（滕文公下、第四章）

【譯文】彭更問道：「跟隨的車輛幾十，跟隨的人幾百，由這一國吃到那一國，（您這樣做，）不也太過分了嗎？」

孟子答道：「如果不合理，就一筐飯也不可以接受；如果合理，舜接受了堯的天下，都不以為過分，你以為過分了嗎？」

彭更說：「不是這樣說，（我以為）讀書人不工作，吃白飯，是不可以的。」

孟子說：「如果不互通各人的成果，交換各行業的產品，用多餘的來彌補不夠的，就會使農民有多餘的米，（別人得不著吃；）婦人有多餘的布，（別人得不著穿；）如果能互通有無，那麼，木匠車工都能夠從你那裡得著吃的（穿的）。假定這裡有個人，在家孝順父母，出外尊敬長輩；嚴守著古代聖王的禮法道義，用來培養後代的學者，卻不能從你這裡得著吃的、穿的；那麼，你為什麼尊貴木匠車工，卻輕視仁義之士呢？」

彭更說：「木匠車工，他們的動機本是謀飯吃；君子的研究學術，推行王道，那動機也是弄到吃的嗎？」

孟子說：「你為什麼要論動機呢？他們對你有功績，可以給以吃的，便給以吃的了。而且，你還是論動機而給以吃的呢？還是論功績而給以吃的呢？」

彭更說：「論動機。」

孟子說：「這裡有個匠人，把屋瓦打碎，在新刷的牆壁上亂畫，他的動機也是為著弄到吃的，你給他吃的嗎？」

彭更說：「不。」

孟子說：「那麼，你不是論動機，是論功績的了。」

◎①彭更—孟子弟子。

②傳食—猶言轉食。

③羨—餘也。

④梓匠輪輿—《周禮》〈考工記〉有梓人、匠人，是木工。有輪人（製車輪）、輿人（製車箱）、為製車工人。

⑤待—焦循說：趙岐大概是讀『待』為『持』，謂扶持後之學者。

⑥墁—本意為粉刷牆壁的工具，這裡似乎是指新粉刷的牆壁而言。朱熹云：「墁，牆壁之飾也。」可能也是此意。

（七）四十不動心

公孫丑問曰：「夫子加①齊之卿相，得行道焉，雖由此霸王、不異矣。如此，則動心②否乎？」

孟子曰：「否！我四十不動心。」

曰：「若是，則夫子過孟賁③遠矣！」

曰：「是不難，告子④先我不動心。」

曰：「不動心有道乎？」

曰：「有。北宮黝⑤之養勇也：不膚橈⑥，不目逃；思以一豪挫於人，若撻之於市朝⑦；不受⑧於褐寬博⑨，亦不受於萬乘之君；視刺萬乘之君，若刺褐夫，無嚴⑩諸侯；惡聲至，必反之。孟施舍之所養勇也，曰：『視不勝猶勝也。量敵而後進，慮勝而後會⑪，是畏三軍者也。舍豈能為必勝哉？能無懼而已矣。』孟施舍似曾子，北宮黝似子夏⑫。夫二子之勇，未知其孰賢；然而孟施舍守約也。昔著曾子謂子襄⑬曰：「子好勇乎？吾嘗聞大勇於夫子⑭矣：自反而不縮⑮，雖褐寬博，吾不惴⑯焉？自反而縮，雖千萬人，吾往矣！」孟施舍之守氣，又不如曾子之守約也。」

曰：「敢問夫子之不動心，與告子之不動心，可得聞與？」

「告子曰：『不得於言⑰，勿求於心⑱；不得於心，勿求於氣⑲。』不得於心，勿求於氣，可；不得於言勿求於心，不可。夫志，氣之帥也；氣，體之充也。夫志至焉，氣次焉⑳；故曰：『持㉑其志，無暴㉒其氣。』」

『既曰：『志至焉，氣次焉，』，又曰：『持其志，無暴其氣』者，何也？』

曰：「志壹㉓則動氣，氣壹則動志也。今夫蹶者、趨者，是氣也；而反動其心。」（公孫丑上、第二章之一）

【譯文】公孫丑問道：『老師若做了齊國的卿相，能夠實現自已的主張，從此小則可以成霸業，大則可以成王業，那是不足奇怪的。如果遇到這種情況，您是不是（有所恐懼疑惑）而動心呢？』

孟子說：「不！我從四十歲以後就不再動心了。」

公孫丑說：「這麼看來，老師比孟賁強多了。」

孟子說：「這個不難，告子能夠不動心比我還早呢。」

公孫丑說：「不動心有方法麼？」

孟子說：「有。北宮黝的培養勇氣：肌膚被刺，毫不顫動；眼精被戳，都不眨一眨。他以為受一點點挫折，就好像在稠人廣眾之中挨了鞭打一樣。既不能忍受卑賤的人的侮辱，也不能忍受大國君主的侮辱。把刺殺大國的君主看成刺殺卑賤的人一樣。對各國的君主毫不畏懼，挨了罵一定回擊。孟施舍的培養勇氣又有所不同，他說：『我對待不能戰勝的敵人，跟對待可以戰勝的敵人一樣。如果先估量敵人的力量這才前進，先考慮勝敗這才交鋒，這種人若碰到數量眾多的軍隊一定會害怕。我那能打勝仗呢？不過是能夠無所畏懼罷了。』—孟施舍的養勇像曾子，北宮黝的養勇像子夏。這兩個人的勇氣，我也不知道誰強誰弱，（但從培養方法而論，）孟施舍比較簡易可行。從前曾子對子襄說：「你喜歡勇敢嗎？我曾經從孔老師那裡聽到過關於大勇的理論：反躬自問，正義不在我，對方縱是卑賤的人，我不去恐嚇他；反躬自問，正義確在我，對方縱是千軍萬馬，我也勇往直前。—孟施舍的養勇只是保持一股無所畏懼的勇氣，（曾子卻以理的曲直為斷，）孟施舍自然又不如曾子這一方法的簡易可行。」

公孫丑說：「我大膽地問問您：老師的不動心和告子的不動心，可以講給我聽聽嗎？」

孟子說「告子曾經講過：『假若不能在言語上得到勝利，便不必求助於思想；假若不能在思想上得到勝利，便不必求助於意氣。』（我認為：）不能在思想上得到勝利，便不必要求於意氣，是對的；不能在言語上得到勝利便不去求助於思想，是不對的。（為什麼呢？）因為思想意志是意氣感情的主帥，意氣感情是充滿體內的力量。思想意志到了那裡，意氣感情也就在那裡表現出來。所以我說：『要堅定自已的意志，也不要濫用自已的意氣感情。』」

公孫丑說：「您既然說，『思想意志到了那裡，意氣感情也就在那裡表現出來，但您又說：『既要堅定自已的思想意志，同時又不要濫用自已的意氣感情，』這是什麼道理呢？」

孟子說：「（它們之間是可以互相影響的。）思想意志若專注於某一方面，意氣感情自必為之轉移，（這是一般的情況。）意氣感情假若也專注於某一方面，也一定會影響到思想意志，不能不為之動蕩。譬如跌倒和奔跑，這只是體氣上的專注於某一方面的震動，然而也不能不影響到思想，造成心的浮動。」

◎①加—加，猶居也。

②動心—朱熹：「任大責重如此，亦有所恐懼疑惑而動其心乎？」譯文本此添出「恐懼疑惑」四字。

③孟賁—古代勇士、衛、或齊人。故事散見《呂氏春秋》〈必己〉篇。《史記》〈秦本紀〉有孟說，有謂即孟賁。

④告子—《墨子》〈公孟〉篇：『二三子曰：『告子言義而行甚惡，請棄之。』墨子曰：「不可；告子言談甚辨，言仁義而不吾毀。」可見他曾受教於墨子。梁啟超《墨子年代考》：「案孟子本文無以證明告子為孟子弟子。恐直是孟子前輩。墨子卒，下距孟子生不過十餘年，告子弱冠得見墨之晚年；告子老宿，得見孟子之中年。」

⑤北宮黝（一ㄡˇ）其人已不可考。《淮南子》〈主術訓〉有北宮子。高誘注云：「北宮子、齊人也，孟子所謂北宮黝也。」

⑥橈—音鬧（ㄋㄠˋ）或本作撓（ㄋㄠˊ），卻也、退也。

⑦市朝—此處是偏義複詞，只有「市」（買賣之所）義。而無「朝」（朝廷）義，因為上古絕無在朝廷中鞭笞打人之事。

⑧受—下承上省略賓語，譯文加「侮辱」二字

⑨褐寬博—《說文》：褐，粗衣也。鄭玄〈箋〉：「賤者無褐。」這裡的「褐寬博」就是下文的「褐夫。」譯文都以「卑賤的人」譯之。

⑩嚴—畏也。

⑪會—合兵之意。

⑫孟施舍、曾子、子夏—孟施舍已無可考。姓孟名舍，或複姓孟施名舍，存疑。曾子、即曾參。子夏、姓卜名商，均孔子弟子。

⑬子襄—曾子弟子。

⑭夫子—指孔子。

⑮縮—孔穎達云：縮，直也。按本「橫直」之「直」。此為「曲直」之「直」。義得相通。

⑯惴—動詞使動用法，使他驚懼之意。下「焉字含有「之」字之義，作為賓詞。

⑰不得於言—不得，乃不能得勝之意。這幾句話都是講養勇之事，故以勝負言。舊注

皆未得其意。

⑱勿求於心—朱熹云：「不必反求其理於其心。」勿求於心就是不要在思想上找尋原因。

⑲不得於心，勿求於氣—「不得於心」和「反而求之，不得吾心」（梁上第七章）意義相同，謂不得其理於吾心。「勿求於氣」，趙岐以「直怒之矣」解「求於氣」，可見他把這「氣」字解為感情意氣。下文云：氣，體之充也。則又指體氣而言。大概孟子把「體氣」。「意氣」看做一回事。

⑳夫志至焉，氣次焉—毛奇齡《逸講箋》以「次」為舍止，言「志之所至，氣即隨之而止。」今從之。與趙岐解為「其次」，異。

㉑持—守也，保也。譯文引申為「堅定」。

㉒暴—亂也。譯文以意譯為「濫用」。

㉓壹—朱熹云：「專一也。」譯文從之。趙岐：「讀為噎，解為閉塞」似與孟子原意不合。

（八）善養浩然之氣

（公孫丑）「敢問夫子惡乎長？」

曰：「我知言，我善養吾浩然之氣①。」

「敢問何謂浩然之氣？」

曰：「難言也。其為氣也，至大至剛，以直養而無害，則塞於天地之間。其為氣也，配義與道；無是，餒也。是集義所生者，非義襲而取之也。行有不慊②於心，則餒矣。我故曰，告子未嘗知義，以其外之也③。必有事焉而勿正④心勿忘，勿助長也。無若宋人然：宋人有閔其苗之不長而揠⑤之者，芒芒然⑥歸，謂其人曰：『今日病矣！予助苗長矣。』其子趨而往視之，苗則槁矣。天下之不助苗長者寡矣。以為無益而舍之者，不耘⑦苗者也，助之長者，揠苗者也；非徒無益⑧，而又害之。」（公孫丑上、第二章之二）

【譯文】（公孫丑）問道：「敢問，老師長於那一方面？」

孟子說：「我善於知言，也善於培養我的浩然之氣」。公孫丑又問道：「請問什麼叫做浩然之氣呢？」

孟子說：「這就誰以說得明白了。那一種氣，最偉大，最剛強。用正義去培養它，一點不加傷害，就會充滿上下四方，無所不在。那種氣，必須與義和道配合；缺乏它，就沒有力量了。那種氣，是由正義的經常累積所產生的，不是偶然的正義行為所能取得的。只要做一件於心有愧的事，那種氣就會疲軟了。所以我說，告子不曾懂得義，因為他把義看成心外之物（我們必須把義看成心內之物，）一定要培養它，但不要有特定的目的；時時刻刻地記住它，但是也不能違背規律地幫助它生長。不要學宋國人那樣。宋國有一個擔心禾苗不長而去把它拔高些的人，十分疲倦地回去，對家裡人說：『今天累壞了！我幫助禾苗生長了！』他兒子趕快跑去一看，禾苗都枯槁了。其實天下不幫助禾苗生長的人是很少的。以為培養工作沒有益處而放棄不幹的 就是種莊稼不鋤草的懶漢；違背規律去幫助它生長的就是拔苗的人。這種助長行為，不但沒有益處，反而會傷害它。」

◎①浩然—盛大流行之貌。

②慊—快也。

③以其外之也—「外」，動詞意動用法。（告子「仁內義外」說。詳本篇第七十八頁）

④正—王夫之《孟子椑疏》謂）「正」讀如〈士昏禮〉「必有正焉」之「正」。「正者」徵也，的也，指物以為徵準使之必然也。「正」作「止」亦通。

⑤揠—（ㄧㄚˋ）《說文》：拔也。

⑥芒芒然—疲倦貌。

⑦耘—除草。《說文》作「䅬」。字又作「芸」。

⑧非徒無益—承上省略了主語「揠苗」或「助長」諸字。古人多有此語法。

（九）不敢居聖

（公孫丑）「何謂知言？」

曰：「詖辭①知其所蔽②，淫辭知其所陷③，邪辭知其所離④，遁辭知其所窮⑤。生於其心，害於其政；發於其政，害於其事。聖人復起，必從吾言矣。」

「宰我、子貢，善為說辭。冉牛、閔子、顏淵⑥，善言德行。孔子兼之，曰：『我於辭命，則不能也。』然則夫子既聖矣乎？」

曰：「惡⑦！是何言也！昔者子貢問於孔子曰：『夫子聖矣乎⑧？』孔子曰：『聖則吾不能；我學不厭而教不倦也。』子貢曰：『學不厭，智也；教不倦，仁也。仁且智，夫子既聖矣！』夫聖，孔子不居。是何言也！」（公孫丑上第二章之三）

【譯文】（公孫丑問：）「怎麼才算是善於分析別人的言辭呢！」

孟子答道：「不全面的言辭我知道它片面性之所在；過分的言辭我知道它失足之所在；不合正道的言辭我知道它與正道分歧之所在；躲閃的言辭我知道它理屈之所在。這四種言辭，在思想中產生出來，必然會在政治上產生危害；如果把它體現於政治設施，一定會危害國家的各種具體工作。如果聖人再出現，也一定會承認我的話是對的。」

公孫丑說：「宰我、子貢善於講話，冉牛、閔子、顏淵善於闡述道德；孔子則兼有兩長。但是他還說：『我對於辭令，太不擅長。』（而您既善於分析別人的言辭，又善於養浩然之氣，言語道德兼而有之），那麼，你已經是位聖人了嗎？」

孟子說：「哎！這是什麼話！從前子貢問孔子說：『老師已經是聖人了嗎？』孔子說：『聖人，我做不到；我不過學習不知厭倦，教人不嫌疲勞罷了』。子貢便說：『學習不知厭倦，便是智，教人不嫌疲勞，這便是仁。既仁且智，老師已經是聖人了。』聖人，連孔子都不敢自居，（你卻加在我的頭上，）這是什麼話呢！」

◎①詖辭—詖（ㄅㄧˋ），朱熹：「偏陂也。」《四書講義》：「若任其偏曲之見，說著一邊，遺卻一邊，是為詖辭。」

②蔽—當如荀子《解蔽》之「蔽」，楊倞注云：「蔽者，言不能通明，滯於一隅，如有物壅蔽之也。」

③淫辭知其所陷—「淫，過也。」凡事當止而不止，必有所陷。故譯文以過分釋「淫」、失足釋「陷」。

④邪辭知其所離—離於正則為邪。故邪辭知其所離。

⑤遁辭知其所窮—理有所窮而後其辭遁。故譯作「躲閃」的言辭。饒魯曰：「當看四個「所」字。如看病相似。「詖」、「淫」、「邪」、「遁」是病證；「蔽」、「陷」、「離」、「窮」是病源；「所蔽」、「所陷」、「所離」、「所窮」是病源之所在。」

⑥宰我（宰予）子貢（端木賜）冉牛（冉耕、字伯牛）閔子（閔損、字子騫）顏淵（顏回、字子淵）—皆孔子弟子。」

⑦惡—（ㄨ）歎辭。有作「啞」、作「烏」者，相當於今日之「唉！」

⑧夫子聖矣乎—論語述而第三十五章：「若聖與仁，則吾豈敢……。」與孟子所引，大意相同。

（十）願學孔子

「昔者竊①聞之：子夏、子游、子張，皆有聖人之一體②；冉牛、閔子、顏淵，則具體而微。「敢問所安？」

曰：「姑舍是③！」

曰：「伯夷④、伊尹⑤何如？」

曰：「不同道。非其君不事，非其民不使；治則進，亂則退：伯夷也。何事非君，何使非民；治亦進，亂亦進：伊尹也。可以仕則仕，可以止則止⑥，可以久則久，可以速則速：孔子也。皆古聖人也，吾未能有行焉；乃⑦所願，則學孔子也。」

「伯夷、伊尹於孔子，若是班⑧乎？」曰：「否。自有生民以來，未有孔子也！」

曰：「然則有同與？」

曰：「有。得百里之地而君⑨之，皆能以朝諸侯，有天下；行一不義，殺一不辜，而得天下，皆不為也：是則同。」

曰：「敢問其所以異？」曰：「宰我、子貢、有若⑩，智足以知聖人；汙，不至阿其所好。宰我曰：『以予觀於夫子，賢於堯、舜⑪遠矣！』子貢曰：『見其禮而知其政；聞其樂而知其德⑫；由百世之後，等⑬百世之王，莫之能違也。自生民以來，未有夫子也！』有若曰：『豈惟民哉？麒麟之於走獸，鳳凰之於飛鳥，泰山之於丘垤⑭，河海之於行潦⑮，類也。聖人之於民，亦類也；出於其類，拔乎其萃⑯，自生民以來，未有盛於孔子也。』」（公孫丑上、第二章之四）

【譯文】公孫丑說：「從前我曾聽說過，子夏、子游都各有孔子的一部分長處；冉牛、閔子、顏淵大體近於孔子，卻不如他那樣的博大精深。請問老師：您自居於那一種人？」

孟子說：「暫且不談這個。」

公孫丑又問：「伯夷和伊尹怎麼樣？」

孟子答道：「也不相同。不是他理想的君主，他不去服事；不是他理想的百姓，他不去使喚；天下太平就去來做官，天下昏亂就退而隱居，伯夷是這樣的。任何君主都可以去服事，任何百姓都可以去使喚；太平也做官，不太平也做官，伊尹是這樣的。應該做官就做官，應該辭職就辭職，應該繼續幹就繼續幹，應該馬上走就馬上走，孔子是這樣的。他們都是古代的聖人，（可惜）我都沒有做到；至於我希望的，是學習孔子。」

（公孫丑）問：「伯夷、伊尹與孔子，他們不是一樣的嗎？」

孟子答道：「不；從有人類以來沒有人能比得上孔子的。」

公孫丑又問：「那麼，在這三位聖人中，有相同的地方嗎？」

孟子答道：「有。如果得著縱橫各一百里的土地，而以他們為君王，他們能夠使諸侯來朝覲，統一天下。如果叫他做一件不合道理的事，殺一個沒有犯罪的人，因而得到天下，他們都不會做的。這是他們相同的地方。」

公孫丑說：「請問他們不同的地方在那裡呢？」

孟子說。「宰我、子貢、有若三人，他們的聰明知識足以瞭解聖人，（即使）他們不好，也不偏袒他們所敬愛的人。（我們且看他們如何稱讚孔子吧。）宰我說：『以我來看老師，比堯舜都強多了。』子貢說：『看見一國的體制，就了解它的政治；聽到一國的音樂，就知道它的德教。即使從百代以後去評價百代以來的君王，任何一個君王都不能違離孔子之道。從有人類以來，沒有能及他老人家的。』有若說：『難道僅僅人類有高下不同嗎？麒麟對於走獸，鳳凰對於飛鳥，太山對於土堆，河海對於小溪，何嘗不是同類，聖人對於百姓，亦是同類，但遠遠超出了他那一類，大大高出了他那一群。從有人類以來沒有比孔子還要偉大的。』」

◎①竊—表自謙的表敬副辭，無義。

②子夏、子游、子張—子夏、（卜商）子游（言偃）、子張（顓孫師）均孔子弟子。

③姑舍是—姑，暫且。舍、同捨。是、此、代詞。譯文作：暫時不談這個問題。孟子自負極大。他曾說過：「五百年有王者興，其間必有名世者。……如欲平治天下，當今之世，舍（捨）我其誰也？」（本編第四十一頁）可見其對弟子以子張、子夏，乃至顏淵等之發問，都有不屑之意，但又不願明白說出，招致弟子有所譏評，只得避開不談。下文云：「乃所願，則學孔子也。」又是用另一方式答復此一問題了。

④伯夷—與其弟叔齊為孤竹君之二子，互相讓位，終於逃去。周武王伐紂，叩馬而諫。周既統一，義不食其粟，餓死於首陽山。《史記》採其事，列為列傳第一篇。

⑤伊尹—商湯之相，《孟子》中多載其傳說。

⑥止—處也。音（ㄔㄨˇ）。

⑦乃—他轉連詞，「至於」「至若」之義。

⑧班——齊等之貌。
⑨君——名詞作動詞用，以為君之意。
⑩有若——孔子弟子，魯人。
⑪堯、舜——古代傳說中的兩位聖君。
⑫其禮、其政、其樂、其德——四「其」字，朱熹：指各代、各王。譯文從之。趙岐則以為諸「其」字是指孔子，非也。
⑬等——差等。譯文是意譯。趙岐解為「等同」，誤。
⑭垤——（ㄉㄧㄝˊ）高誘云：「土之小高處。」
⑮行潦——流潦也。潦、雨水也。又：水之薄者也。
⑯萃——《易》〈繫卦傳〉：「萃者，聚也。」

貳、闢異端（社會的）

一、距楊（道）墨

（一）予豈好辯

公都子①曰：「外人皆稱夫子好辯，敢問何也？」

孟子曰：「予豈好辯哉？予不得已也！天下之生久矣，一治一亂：當堯之時，水逆行，氾濫於中國，蛇龍居之。民無所定，下者為巢，上者為營窟②。《書》曰：「洚水警余③。」洚水者，洪水也。使禹治之。禹掘地而注之海，驅蛇龍而放之菹④。水由地中行，江、淮、河、漢是也。險阻既遠，鳥獸之害人者消，然後人得平土而居之。」

堯、舜既沒，聖人之道衰，暴君代作⑤，壞宮室以為汙池，民無所安息；棄田以為園囿，使民不得衣食。邪說暴行又作，園囿、汙池、沛澤多而禽獸至。及紂之身，天下又大亂。周公相武王誅紂，伐奄⑥三年討其君；驅飛廉於海隅而戮之⑦，滅國者五十；驅虎豹犀象而遠之，天下大悅。《書》曰：『丕顯哉，文王謨！丕承哉，武王烈⑧！佑啟⑨我後人，咸以正無缺。』」（滕文公下、第九章之一）

【譯文】公都子說：「別人都說您喜歡辯論，請問，為什麼呢？」

孟子說：「我難道喜歡辯論嗎？我（不能不辯論）是出於不得已呀！」人類社會產生很久了，太平一時，又亂一時。當唐堯的時候，大水橫流，到處泛濫，大地上成為龍和蛇的居處，人們無處安身；低地的人在樹上搭巢，高地的人便打相連的洞穴；《尚書》說『洚水警誡我們，』洚水是什麼呢？洚水就是洪水。命令禹來治理。禹疏通河道，使水都流到大海裡，把蛇和龍趕到草澤裡，水順著河床流動，長江、淮河、黃河、漢水便是這樣。危險既已消除，害人的鳥獸也沒有了，人才能夠在平原居住。」

堯舜死了以後，聖人之道逐漸衰落，殘暴君主不斷出現。他們毀壞民宅來做深池，使百姓無地安身；破壞農田來做園林，使百姓不能得到衣服和食物；荒謬的學說，殘暴的行為隨之興起，園林、深池、草澤多了起來，禽獸也就來了。到了商紂王的時候，天下又大亂。周公輔助武王，把紂王殺了。又討伐奄國，三年之後又把奄君殺了，並把飛廉趕到海邊，也加以殺戮，被滅的國家一共五十個，把老虎、豹子、犀牛、大象趕到遠方，天下的百姓非常高興。《尚書》說過：『文王的謀劃多麼光明！武王的功業多麼偉大！幫助我們，啟發我們，直到後代，使大家都正確而沒有缺點』。

◎①公都子—孟子弟子。

②營窟—焦循云：「此營窟當是相連為洞穴。」

③《書》曰，洚水警余—《書》、趙歧：《尚書》逸篇也。下文《書》曰，亦同。「洚」、「洪」古音同。

④菹（ㄐㄩˇ）—澤生草曰菹。

⑤代作—《說文》：「代、更也。」代作，更代而作，非一君也。

⑥伐奄—乃成王時事。崔述《論語餘說》，朱珔《萬卷齋文稿》說同。句讀據之。

⑦驅飛廉於海隅而戮之—飛廉即《秦本紀》所載之蜚廉，「飛」。「蜚」古通用。但所言與《孟子》有異。

⑧丕、顯、謨、承、烈—丕、大也。顯、光明。謨、謀。承、繼承。烈、功業

⑨佑啟—幫助、啟發。

（二）上承三聖

（孟子曰：）「世衰道微，邪說暴行有作①臣弒其君者有之，子弒其父者有之，孔子懼，作《春秋》。《春秋》，天子之事也；是故孔子曰：『知我者，其惟《春秋》乎！罪我者，其惟《春秋》乎！』

聖王不作，諸侯放恣，處士②橫議，楊朱③、墨翟④之言盈天下；天下之言，不歸楊則歸墨。楊氏為我，是無君也；墨氏兼愛，是無父也；無父無君，是禽獸也！公明儀曰：『庖有肥肉，廄有肥馬；民有飢色，野有餓莩。此率獸而食人也！』楊、墨之道不息，孔子之道不著，是邪說誣民，充塞仁義也。仁義充塞，則率獸食人，人將相食。吾為此懼，閑⑤先聖之道，距楊、墨，放淫辭，邪說者不得作。作於其心，害於其事，作於其事，害於其政。聖人復起，不易吾言矣。

昔者禹抑洪水，而天下平；周公兼夷狄，驅猛獸，而百姓寧；孔子成《春秋》，而亂臣賊子懼。《詩》云：『戎狄是膺，荊舒是懲，則莫我敢承⑥』無父無君，是周公所膺也。我亦欲正人心，息邪說，距詖行，放淫辭，以承三聖者。豈好辯哉？予不得已也！能言距楊、墨者，聖人之徒也。」（滕文公下、第九章之二）

【譯文】（孟子說：）『太平之世和仁義之道又逐漸衰微，荒謬的學說、殘暴的行為又起來了，有臣子殺死君王的，也有兒子殺死父親的。孔子深為憂懼，著作了《春秋》一部歷史書。著作歷史（有所讚揚和指謫，）這本來是天子的職權，（孔子不得已而作了。）所以孔子說：『了解我的，怕就在於《春秋》這部著作吧！責罵我的，也怕就在於《春秋》這部著作吧！

（自那以後）聖王也不再出現，諸侯無所忌憚，一般士人也亂發議論，楊朱、墨翟的學說充滿天下，於是所有的主張不屬於楊朱派，便屬於墨翟派。楊派主張個人第一，這便否定對君上的盡忠，就是目無君上；墨派主張天下同仁不分親疏，這便否定對父親的盡孝，就是目無父母。目無君上，目無父母，那就成了禽獸了。公明儀說過：『廚房裡有肥肉，馬廄裡有肥馬，但是，老百姓臉上有飢色，野外躺著餓死的屍體，這就是率領著禽獸來吃人。』楊朱、墨翟的學說不消滅，孔子的學說就無法發揚，這便是荒謬的學說欺騙了百姓，而阻塞了仁義的道路。仁義的道路被阻塞，也就等於率領禽獸來吃人，人與人也將互相殘殺。我因而深為憂慮，便出來捍衛古代聖人的學說，反對楊墨的學說，駁斥錯誤的言論，使發表荒謬議論的人不能抬頭。那種荒謬學說，從心裡產生出來，便會危害工作，危害了工作，也就危害了政治，即使聖人再度興起，也會同意我這番話的。

從前大禹制服了洪水，天下才得太平；周公兼併了夷狄，趕跑了猛獸，百性才得安寧；孔子著作了《春秋》，叛亂的臣子、不肖的兒子才有所害怕。《詩》說過：『攻擊戎狄，痛懲荊舒，就沒有人敢於抗拒我。』像楊、墨這樣目無君上，目無父母的人，正是周公所要懲罰的。我也要端正人心，消滅邪說，反對偏激的行為，駁斥荒唐的言論，來繼承大禹、周公、孔子三位聖人的事業，難道是喜歡辯論嗎？「我（不能不辯論）是不得已的呀。能夠以言論來反對楊墨的，也就是聖人的門徒了。」

◎①有作—又作。

②處士—師古說：「處士謂不官於朝而居家者也。」

③楊朱—其人其事又略見於《莊子》及《淮南子》諸書。

④墨翟—魯人、或云宋人，生年當在周敬王之末年，其時或者孔子猶在，至遲難出孔子卒後十年內。享年可能在八十以上。死當在孟子出生前十年左右。當周安王十年左右。其學說備見于《墨子》一書。

⑤閑—《說文》：閑、闌也。從門中有木。段玉裁：引申為「防閑」。《穀梁》〈桓二年〉傳，范寧注：「閑謂扞禦。」故譯為「捍衛」。趙歧：「閑、習也。」恐非。

⑥承—抵禦之意。

(三) 楊、朱、子莫　害道

孟子曰：「楊子取①為我，拔一毛而利天下，不為也。墨子兼愛，摩頂放踵②利天下，為之。子莫③執中。執中為近之；執中無權，猶執一也。所惡執一也，為其賊道也，舉一而廢百也」（盡心上、第二十六章）

【譯文】孟子說：「楊子主張為我，拔一毛而有利於天下，都不肯幹。墨子主張兼愛，摩禿頭頂，走破腳跟，只要對天下有利，一切都幹。子莫就主張中道。主張中道便差不多了。但是主張中道，如果沒有靈活性，不懂得變通的辦法，便執著一點。為什麼厭惡執著一點呢！因為它有損害於仁義之道，只是拿起一點而廢棄了其餘的緣故。」

◎①取—治也。《老子》云：「取天下常以無事；及其有事，不足以取天下。」又云：「以無事取天下。」諸「取」字當作「治」字解。孟子此「取」字，亦當訓「治」。故譯為「主張」。

②摩頂放踵—趙岐：「摩禿其頂，下至於踵」，以「至」釋「放」，恐不確。或者以為「放者、猶謂放縱」，是不著屨（屨有繫偪束之）而著跂蹻（跂、木屐，雨天所穿；蹻，沒有底之鞋、晴天步行所穿，取其輕便。）之意，恐亦不確。此蓋當時成語，已難求其確詁，譯文取其大意而已。

③子莫—趙岐：「魯之賢人」。孫貽讓，俞樾以為即魏中山公子牟，近人羅根澤已駁之。黃鶴《四書異同商》疑即《說苑》〈修文〉（黃氏誤作《荀子》）之顓孫子莫。羅主此說，近之。詳羅氏《諸子考索子莫考》。

（四）墨者夷之

墨者夷之①，因徐辟②而求見孟子。

孟子曰：「吾固願見，今吾尚病；病愈，我且往見；夷子不來③！」

他日，又求見孟子。孟子曰：「吾今則可以見矣，不直、則道不見④；我且直之。吾聞夷子墨者，墨之治喪也⑤，以薄為其道也。夷子思以易天下，豈以為非是而不貴也？然而夷子葬其親厚，則是以所賤事親也！」

徐子以告夷子。

夷子曰：「儒者之道，古之人『若保赤子⑥，』此言何謂也？之則以為愛無差等，施由親始⑦。」

徐子以告孟子。

孟子曰：「夫夷子信以為人之親其兄之子，為若親其鄰之赤子乎？彼有取爾也。赤子匍匐將入井，非赤子之罪也。且天之生物也，使之一本；而夷子二本⑧故也。蓋上世嘗有不葬其親者，其親死，則舉而委之於壑。他日過之，狐狸食之、蠅蚋姑嘬之

⑨；其顙有泚⑩，睨而不視。夫泚也，非為人泚，中心達於面目。蓋歸反虆梩⑪而掩之。掩之誠是也，則孝子仁人之掩其親，亦必有道矣。」

徐子以告夷子。夷子憮然為間⑫曰：「命之矣⑬！」（滕文公上、第五章）

【譯文】墨家信徒夷之藉著徐辟的關係要求來看孟子。孟子說：「我本來願意接見，不過我現在病著，病好了，我打算去看他，他不必來！」過了一些時候，又要求來看孟子。孟子說：「現在可以相見了。不過，不說直話，真理表現不出來，我姑且說直話吧！我聽說夷子是墨家信徒，墨家辦理喪葬，以薄為合理，夷子也想用薄葬來改革天下，自然是認為不薄葬是不足貴的；但是他自已埋葬他的父母卻相當豐厚，那便是拿他所輕賤所否定的東西對待他的父母親了。」

徐子把這話告訴了夷子。

夷子說：「儒家的學說認為，『古代的君王愛護百姓好像愛護嬰兒一般，』這話是什意思呢？我以為他的意思是，人對人的愛並沒有親疏厚薄的區別，只是實行起來從父母親開始罷了。（那麼，墨家的兼愛之說很有道理，而我的厚葬父母，也有著解說了。）」

徐子又把這話告訴了孟子。

孟子說：「夷子真正以為人們愛他的姪兒，和愛他鄰人的嬰兒是一樣的嗎？夷子不過抓住了這一點；嬰兒在地上爬行，快要掉到井裡去了，這自然不是嬰兒自己的罪過。（這時候，不管是誰的孩子，無論是誰看見了，都會去救的。夷子以為這就是愛無差等。其實，這是人的惻隱之心。）況且天生萬物，只有一個根源，（就人來說，只有父母，所以儒家主張「老吾老以及人之老，」夷子卻說有兩個根源，（因此認為我的父母和人的父母，沒有分別，主張愛無差等。）道理就在這裡。大概上古曾經有不埋葬父母的人，父母死了，抬了他拋棄在山溝中。過了一些時候，經過那裡，狐狸在吃著他，蒼蠅蚊子在咀吮著他，那個人不禁額頭上冒著悔恨的汗，斜著眼睛望望，不敢正視。這一種流汗，不是流給別人看的，實是由於衷心的悔恨而在面貌上表達出來的。大概他回到家裡去拿了鋤頭畚箕把屍體埋葬了。這埋葬屍體誠然是對的，那麼，孝子仁人埋葬他的父母，自然有他的道理了。）

徐子把這話告訴了夷子。

夷子很悵惘地停了一會，說道：「孟子教我了（我懂了）。」

◎①墨者夷之—墨者就是信奉墨子學說的人。夷之，已無可考。

②徐辟—孟子弟子。

③夷子不來—趙岐：「夷子聞孟子病，故不來。」是記事。近一般解謂是孟子說：「我病愈即往見，夷子不必來。」王引之《經傳釋詞》：「不，毋也，勿也。」譯文從之。

④見—同現。

⑤墨之治喪句—墨家主張薄葬，《墨子》有薄葬篇。

⑥若保赤子—《尚書》〈康誥〉：「若保赤子，惟民其康乂。」

⑦施由親始—《集解》云：「包曰：施、行也。」焦循正義以為「恩」、「愛」、「施」三字義通，即「愛由親始」，恐非。

⑧一本二本—原義不明確，譯文姑仍舊解足其意。

⑨蠅蚋姑嘬之—蚋（ㄋㄚˋ）蚊類。一以「蚋姑」連讀，即螻蛄，俗名土狗的昆蟲。實則「姑」應讀為「盬」、咀也。（阮元釋且），嘬，趙岐：「攢共食之也。」

⑩泚—（ㄘˇ），趙歧：「汗出泚泚然也。」焦循：「猶云疾首也。」亦通。

⑪虆梩—（ㄌㄟˊ ㄌㄧˊ）虆，盛土之籠。梩，相當今之鍬或鍤。

⑫憮然為間—憮（ㄨˇ）朱熹：「茫然自失之貌」。為間（ㄐㄧㄢˋ）者，有頃之間也。

⑬命之—朱熹：「命，猶教也，言孟子已教我矣。」則「之」雖為第三人稱代詞，實則夷之用以自指。

（五）如逐放豚

孟子曰：逃墨必歸於楊；逃楊必歸於儒。歸，斯受之而已矣。今之與楊、墨辯者，如追放豚，既入①其苙②，又從而招③之。」（盡心下、第二十六章）

【譯文】孟子說：「離開墨子一派的一定歸入楊朱這一派來；離開楊朱一派的一定回到儒家來。回來，就接受他算了。今天同楊、墨兩家相辯論的人，好像追逐已走失的豬一般，已經送回豬圈裡了，還要把它的腳綁住。（生怕它再走掉）」

◎①入—同納。
②苙—（ㄌㄧˋ）畜養牲畜的欄。
③招—趙歧：「招、罥」（羂其足）也。」孟子對於學生，「往者不追，來者不拒。苟以是心至，斯受之而已矣（盡心下、第三十章）（難免良莠不齊。）」

二、距名家

（一）牛之性，猶人之性與

告子曰：「生之謂性①。」
孟子曰：「『生之謂性』也，猶白之謂白與？」
曰：「然。」
「白羽之白也，猶白雪之白；白雪之白，猶白玉之白與？」
曰：「然。」

「然則犬之性，猶牛之性；牛之性，猶人之性與？」②（告子上、第三章）

【譯文】告子說：「天生的資質叫做性。」

孟子說：「天生的資質叫做性，好比一切東西的白色叫做白嗎？」

（告子）答道：「正是如此。」

（孟子）說：白羽毛的白，猶如白雪的白，白雪的白猶如白玉的白嗎？」

（告子）答道：「正是如此。」

（孟子）說：「那麼，狗性猶如牛性，牛性猶如人性嗎？（告子……）」

◎①生之謂性—「性」字從「生」得聲。「生」和「性」古音相同。《荀子》〈正名〉：「生之所以然者謂之性。」《春秋繁露》〈深察、名號〉：「如其生之自然之資謂之性。」《論衡》〈初稟〉：「性，生而然者也。」告子的話，意或與此相近，不過告子藉以証明其人性無善惡論罷了。

②按：獸性自獸性，人性自人性，如何可以等同而混淆之。乃據以駁倒了告子。

（二）斥「仁內義外」說

告子曰：「食色，性也①。仁，內也，非外也；義，外也，非內也。」

孟子曰：「何以謂仁內義外②也？」

曰：「彼長而我長之，非有長於我也；猶彼白而我白之，從其白於外也；故謂之外也。」

曰：「〔異於③〕白馬之白也，無以異於白人之白也；不識長馬之長也，無以異於長人之長與？且謂長者義乎？長之者義乎？」

曰：「吾弟則愛之，秦人之弟則不愛也；是以我為悅者也；故謂之內。長楚人之長，亦長吾之長，是以長為悅者也；故謂之外也。」

曰：「耆④秦人之炙，無以異於耆吾炙。夫物則亦有然者也，然則耆炙亦有外與？」（告子上、第四章）

【譯文】告子說：「飲食男女，這是本性。仁是內在的東西，不是外在的東西；義是外在的東西，不是內在的東西。」

孟子說：「怎樣叫做仁是內在的東西，義是外在的東西呢？」

答道：「因為他年紀大，於是我去恭敬他，恭敬之心不是我所預有；正好比外物是白的，我便認為它是白色之物，這是由於外物的白而我加以認識的緣故，所以說是外在的東西。」

孟子說：「白馬的白和白人的白或者無所不同，但是不知道對老馬的憐憫心和對老者的恭敬心，是不是也沒有什麼不同呢？而且，您說所謂義，在於老者呢？還是在於恭敬老者的人呢？」

答道：「是我的弟弟便愛他，是秦國人的弟弟便不愛他，這是因為我自己的關係而高興這樣的，所以說仁（愛）是內在的東西。恭敬楚國的老者，也恭敬我自己的老者，這是因為外在的老者的關係而這樣的，所以說義是外在的東西。」

孟子說：喜歡吃秦國人的燒肉，和喜歡吃自己的燒肉無所不同，各種事物也有如此的情形。那麼，難道喜歡吃燒肉的心也是外在的東西嗎？（那不是和你說的飲食是本性的論點矛盾了嗎？）」

◎①食色性也—《禮記》〈禮運〉：「飲食男女，人之大欲存焉。」儒家之意與告子同。故下文不相詰難。而最後「然則耆炙亦有外與」一句，駁倒了告子。

②仁內義外—《管子》〈戒〉：「仁從中出，義由外作。」蓋與告子主張相同。但《墨子》〈經說下〉：「仁、愛也、義，利也。愛利，此也；所愛所利，彼也。愛利

不相為內外（意云都是內在的），所愛利亦不相為外內（俱是外在的）。其為『仁內也，義外也』，舉愛與所利也，是狂舉也」此從告子的立論根據而加以邏輯的駁詰，似比孟子所駁更為明顯有力。

③異於──朱熹引張氏曰：「二字疑衍」甚是。當刪。焦循強加解釋，與古代語法不當，故不從。

④耆──同「嗜」。

三、距法家、兵家、縱橫家

（一）春秋無義戰

孟子曰：「春秋無義戰；彼善於此，則有之矣。征者，上伐下也；敵國不相征也。」（盡心下、第二章）

【譯文】孟子說：「春秋時代沒有正義戰爭。那一國的君主比這一國的君主好一點，那是有的。但是征討的意思是上級討伐下級，同等級的國家是不能互相征討的。」

（二）善戰者服上刑

孟子曰：「求也為季氏宰①，無能改於其德，而賦粟倍他日。孔子曰：『求，非我徒也！小子鳴鼓而攻之可也！』由此觀之，君不行仁政而富之，皆棄於孔子者也。況於為之強戰？爭地以戰，殺人盈野；爭城以戰，殺人盈城：此所謂率土地而食人肉，罪不容於死。故善戰者服上刑②：連諸侯者③次之：辟草萊，任土地④者次之。」（離婁上、第十四章）

【譯文】孟子說：「冉求做季氏（康子）的總管，不能改變康子的行為，反而把田賦增加了一倍。孔子說：『冉求不是我的學生，你們大張旗鼓地攻擊他都可以。』從這裡來看，君主不實行仁政，反而去幫助他聚斂財富的人，都是被孔子所唾棄的，何況替那不仁的君主努力作戰的人呢？（這些人）為爭奪土地而戰，殺死的人遍野；為爭奪城池而戰，殺死的人滿城；這就是率領土地來吃人肉，死刑都不足以贖出他們的罪過。所以好戰的人應該受最重的刑罰，從事連橫合縱的人該受次一等的刑罰，（為了增加賦稅使百姓）開墾草莽盡地力的人再受次一等的刑罰。」

◎①求也為季氏宰諸句──《論語》〈先進〉：「季氏富於周公，而求也為聚斂而附益之。子曰：『非吾徒也，小子鳴鼓而攻之可也。』」《左傳》哀公十一年云：「季氏欲以田賦，使冉有訪諸仲尼，曰：『丘不識也』三發，卒曰：『子為國老，待子而行，若之何子之不言也？』仲尼不對，而私於冉有曰：『君子之行也度於禮，施取其厚，事舉其中，斂從其薄。如是，則以丘亦足矣。若不度於禮，而貪冒無厭，則雖以田賦，將又不足。且子季孫，若欲行而法，則周公之典在；若欲苟而行，又何訪焉？』弗聽。」按：求為之聚斂事，當在此之後，故孔子曰：「鳴鼓而攻之可也。」冉求，字子有。

②上刑──重刑也。

③連諸侯──朱熹：連結諸侯，如蘇秦、張儀之類。

④辟草萊任土地──朱熹：「辟、開墾也，任土地謂分土授民，使任耕稼之責，如李悝盡地力，商鞅開阡陌之類也。」開墾荒地是好事，何以孟子反對呢？大概他認為諸侯之所以如此做，不是為人民，而是為私利。或者他認為當時人民之窮困，不是由

於地力未盡，而是由於剝削太重，戰爭太多。王夫之《孟子稗疏》不得此解，便以為這兩句是指按田畝科稅而言，實誤。

(三) 正己、焉用戰

孟子曰：「有人曰：『我善為陳①，我善為戰。』大罪也！國君好仁，天下無敵焉。南面而征北狄怨②，東面而征西夷怨，曰：『奚為後我？』武王之伐殷也，革車三百兩，虎賁三千人。王曰：『無畏，寧爾也，非敵百姓也。』若崩厥角稽首③，征之為言正也，各欲正己也，焉用戰？」(盡心下、第四章)

【譯文】孟子說：「有人說，『我善於排列作戰的陣勢，我善於作戰。』其實這是大罪惡，一國的君主如果喜愛仁德，整個天下便不會有敵手。(商湯)征討南方，北方便埋怨；征討東方，西方便埋怨；說：『為什麼不先到我們這裡來？』周武王討伐殷商，兵車三百輛，勇士三千人。武王(對殷商的百姓)說：『不要害怕！我是來安定你們的，不是以你們為敵的。』百姓便都把額角觸地叩起頭來，聲響好像山陵倒塌一般。征的意思是正，各人都希望端正自己，那又何必要戰爭呢？」

◎①陳—今作「陣」。

②北狄—本作「北夷」。

③厥角—厥，同「蹶」，頓也。頓，《說文》：「下首也。」角，額角。厥角，即頓首。

（四）今之良臣　古之民賊

孟子曰：「今之事君者皆曰：『我能為君辟土地，充府庫。』今之所謂良臣，古之所謂民賊也。君不鄉道①，不志於仁，而求富之，是富桀也。『我能為君約與國，戰必克。』今之所謂良臣，古之所謂民賊也。君不鄉道，不志於仁，而求為之強戰，是輔桀也。由今之道②，無變今之俗，雖與之天下，不能一朝居也。」（告子下、第九章）

【譯文】孟子說：「今天服事君主的人都說：『我能夠替君主開拓土地，充實國庫。』今天所謂好臣子正是古代的所謂百姓的賊害者。君主不嚮望道德，無意於仁，欲想使他的錢財富足，這等於使夏桀錢財富足。（又說，）『我能替君主邀結盟國，每戰一定勝利。』今天所謂好臣子正是古代所謂百姓的賊害者。君主不嚮往道德，無意於仁，卻想替他勉強作戰，這等於幫助夏桀。從目前這樣的道路走去，也不改變今天這樣的風俗習慣，縱使把整個天下給他，他是一天也坐不穩的。」

◎①君不鄉道—焦循：「道為道德之道。」鄉、（ㄒㄧㄤˋ）同「嚮」。

②由今之道—焦循：「道、訓為行，今之道，猶云今之行。」「道」、「行」，都是道路之意。

（五）誅不勝誅

鄒與魯鬨①。穆公②問曰：「吾有司③死者三十三人，而民莫之死也④。誅之，則不可勝誅；不誅，則疾視其長上之死而不救⑤，如之何則可也？」

孟子對曰：「凶年饑歲，君之民，老弱轉⑥乎溝壑，壯者散而之四方者幾⑦千人矣。而君之倉廩實，府庫充，有司莫以告，是上慢而殘下也。曾子⑧曰：『戒之戒之！出乎爾者，反乎爾者也。』夫民今而後得反之也；君無尤⑨焉。君行仁政，斯民親其上，死其長矣。」（梁惠王下、第十二章）

【譯文】鄒國和魯國發生了衝突。鄒穆公問孟子說：「這一次衝突，我的官吏死了三十三個，老百姓倒沒有一個為他們死的。殺了他們吧，殺不了那麼多；不殺他們吧，他們瞪著兩眼看著長官被殺，卻不去營救，實在可恨。（您說）怎辦才好呢？」

孟子答道：「當災荒年歲，您的百姓，年老體弱的棄尸於荒野山溝之中，年輕力壯的便四處逃荒，這樣的人近千吧；而在您的穀倉中堆滿了糧食，庫房裡充滿了財貨，這情形，您的有關官吏也不向您報告，這就是在上位的人不關心老百姓，並且還殘害他們。曾子曾說過：『提高警惕！提高警惕！你怎麼樣去對待人家，人家就會怎樣回報你。』現在，您的百姓可得著報復的機會了。您不要責怪他們吧！您如果行仁政，您的百姓自然會愛護他的上級，情願為他們的長官犧牲了。」

◎①鄒與魯鬨—鄒，周時小國，傳作「邾」，今山東鄒縣東南有古邾城。鬨（ㄏㄨㄥˋ），交戰。

②穆公—鄒穆公。孟子是鄒人，所以穆公問他。賈誼《新書》、〈新序〉載著穆公行仁政的故事。有人說是由於受孟子這一對答的影響。

③有司—有關官吏。

④莫之死—即「莫死之」的倒裝句。「之」指「有司」。意思就是「沒有人為他們而犧牲。」

⑤疾視其長上之死而不救—「疾」是主要動詞，相當於《論語》〈衛靈公〉第十五章的「君子疾沒世而名不稱焉」和〈季氏〉第十六的「君子疾夫舍曰欲之而必為之辭」的「疾」字。「視其長上之死而不救」是「疾」的賓語。

⑥轉—棄尸的意思。《淮南子》〈主術訓〉：「是故生無乏用，死無轉尸。」此「轉」字即「轉尸」之意。

⑦幾—（ㄐㄧ）近也。

⑧曾子—孔子弟子。

⑨尤—動詞，責備，歸罪的意思。

（六）仁者無敵

梁惠王曰：「晉國①，天下莫②強焉③，叟之所知也。及寡人之身，東敗於齊，長子死④焉；西喪地於秦七百里⑤；南辱於楚⑥：寡人恥之，願比⑦死者壹⑧洒⑨之！如之何則可？」

孟子對曰：「地、方百里⑩，而可以王。王如施仁政於民，省刑罰，薄稅斂；深耕易耨⑪；壯者以暇日，修其孝悌忠信，入以事其父兄，出以事其長上；可使制⑫梃以撻秦、楚之堅甲利兵矣。彼奪其民時，使不得耕耨，以養其父母；父母凍餓，兄弟妻子離散。彼陷溺其民，王往而征之，夫誰與王敵？故曰：『仁者無敵。』王請勿疑！」（梁惠王上、第五章）

【譯文】梁惠王（對孟子）說道：晉國的強大，當前天下是沒有別的國家能趕得上的。這一點，您自然很清楚 但到了我這個時候，東邊和齊國打了一仗，殺得大敗，連我的大兒子都犧牲了；西邊又敗給秦國，喪失了河西之地七百里；南邊又被楚國佔去了八個城池。我實在認為這是奇恥大辱，希望能夠替我國所有戰死者報仇雪恨，您說要怎樣才行？」

孟子答道：「只要有縱橫各一百里的小國，就可以行仁政而使天下歸附，（何況晉國是個大國呢？）您假若向百姓實行仁政，減免刑罰，減輕賦稅，叫百姓能夠深耕細作，早除穢草；還使年輕的人在閒暇時間來講求孝順父母，敬愛兄長、為人盡心竭力、有待人忠誠守信的道德，而且運用這些道德，在家便來侍奉父兄，上朝便來尊敬上級，這樣，就是製造木棒也可以擊抗擁有堅實盔甲、銳利刀槍的秦、楚軍隊了。（這是為什麼呢？）那秦國楚國（無時不在徵兵徵工）侵佔了百姓的生產時間，使他們不能夠耕種來養活父母，他們的父母受凍挨餓，兄弟妻子東逃西散。秦王、楚王使他們的百姓陷在痛苦的深淵中，您去討伐他，那有誰來和您抵抗呢？所以說：『仁德的人是無敵於天下的。』您不要懷疑（趕快施行仁政）吧！」

◎①晉國—劉寶楠《愈愚錄》：「《孟子》，梁惠王自稱『晉國』，魏人周霄亦自稱『晉國』。此晉國即指魏國也。劉氏此說甚確。一九五七年在安徽出土的《鄂君啟金節銘文》：「大司馬邵陽敗晉師於襄陵」，楚國亦稱「魏國」為「晉」，尤為確證。所以這裡的「晉國」就是「魏國」。和「三晉（魏、趙、韓）之「晉」，義微有別。

②莫—無指代詞，是「沒有國家」的意思。

③焉—於是的意思。這是兼詞，「莫強焉」是說沒有國家比它（晉）再強些的意思。

④東敗於齊，長子死焉—指馬陵（今山東濮縣北）之役。魏伐韓，韓向齊求救，齊派田忌為大將，孫臏為軍師伐魏救韓。惠王也派龐涓和太子申為將抵禦。兩軍相持於馬陵，魏中計大敗，龐涓自殺，太子申被俘。

⑤西喪地於秦七百里—馬陵之役後，秦國屢次打敗魏國，迫使魏獻出河西之地和上郡的十五個縣城。

⑥南辱於楚—魏世家卻列此事於梁襄王十三年。考之《竹書紀年》實為「梁惠王後元十一年，楚敗我於襄陵」。故惠王告孟子：『南辱於楚』。又證之《史記》〈楚世家〉：「懷王六年，楚使柱國昭陽將兵攻魏，破之於襄陵」（河南睢陽縣西），得八邑。」《史記》則惠王初無南辱於楚之事。

⑦比—（ㄅㄧˋ），介詞，「替」、「代」、「給」的意思。

⑧壹—副詞，「皆」、「都」、「全」的意思。

⑨洒—音義和「洗」字一樣。《說文》把它分為兩字，似乎不必。今有把它做為「灑」字的簡寫，殆為後起義。

⑩地方百里—當讀為「地、方百里」，「地方」不能連著讀，因為不是一詞。古代面積的計算方法是「方若干里」，即長和寬各若干里。因此，「方百里」亦可譯成「一萬平方里」。

⑪易耨—耨（ㄋㄡˋ）鋤草。易，副詞，疾也、速也。與「疾耨」同義。

⑫制—當讀如《詩》〈東山〉「制彼衣裳」之「制」，制作、制造之意。焦循謂讀如「掣」，恐誤。

（七）天下定於一

孟子見梁襄王①，出，語②人曰：「望之不似人君，就之而不見所畏焉。卒然③問曰：『天下惡乎定？』

吾對曰：『定于一。』

『孰能一之？』

對曰：『不嗜殺人者能一之。』

『孰能與④之？』

對曰：『天下莫不與也。王知夫苗乎？七八月⑤之間旱，則苗槁矣。天油然作雲，沛然下雨，則苗浡然興之⑥矣。其如是，孰能禦之？今夫天下之人牧⑦，未有不嗜殺人者也；如有不嗜殺人者，則天下之民，皆引領而望之矣。誠如是也，民歸之，由⑧水之就下，沛然！誰能禦之』」（梁惠王上、第六章）

【譯文】孟子見了梁襄王，出來以後，告訴人說：「遠遠望去，不像個國君的樣子；走近他，也看不到威嚴所在。他突然問我：「天下要怎樣才得安定！」

我答道：「天下歸於一統，就會安定。」

他又問：「誰能統一天下呢？」

我回答說：「不好殺人的國君，就能統一天下。」

他又問：「那有誰來跟隨他呢？」

我答：「天下的人沒有不跟隨他的。您懂得禾苗的情況嗎？當七八月間，若是長期不下雨，禾苗自然枯槁了。假若是一陣烏雲出現，嘩啦嘩啦地下起大雨來，禾苗便又猛然茂盛地生長起來了。像這樣，那有誰能夠阻擋得住呢？如今各國的君王，沒有一個不好殺人的。如果有一位不好殺人的君王，那麼，天下的老百姓都會伸長著脖子期待他的解救了。真是這樣，百姓的歸附於他，跟隨著他，好像水的向下奔流一樣，那又有誰能擋得住呢？」

◎①梁襄王—梁惠王的兒子。名嗣。
②語—（ㄩˋ）告訴，對人說。
③卒然—與「猝然」同。
④與—從也。
⑤七八月—用的是周代的曆法。周曆的正月為子，含有冬至之月，就是夏曆十一月為歲首（正月）。所以七八月相當於夏曆的五六月。正是禾苗需要雨水的時候。
⑥浡然興之—浡（ㄅㄛˊ），「浡然」，興起貌。兩「之」字都不是賓語。和「填然鼓之」的「之」字相同，是不及物動詞。
⑦人牧—治人民的人，意指國君。此「牧」字是由牧牛、牧羊的「牧」字引伸而來。
⑧由—意義和「猶」字完全一樣。

四、距陰陽家

天時地利　不如人和

孟子曰：「天時不如地利，地利不如人和①。三里之城，七里之郭②，環③而攻之而不勝。夫環而攻之，必有得天時者矣④，然而不勝者，是天時不如地利也。城非不高也，池⑤非不深也，兵革⑥非不堅利也，米粟非不多也，委⑦而去之，是地利不如人和也。故曰：域民⑧不以封疆之界，固國不以山谿之險，威天下不以兵革之利。得道者多⑨助，失道者寡助。寡助之至，親戚畔之⑩；多助之至，天下順之。以天下之所順，攻親戚之所畔，故君子有不戰⑪，戰必勝矣。」（公孫丑下、第一章）

【譯文】孟子說：「天時不及地利，地利不及人和。譬如有一座小城，每邊長僅三里，它的外城（郭）也僅七里。敵人圍攻它，而不能取勝。在長期圍攻中，一定有合乎天時的戰機，卻不能取勝，這就是說，得天時的不及佔地利的。（又譬如，另一守城者，）城牆不是不高，護城河不是不深，兵器和甲冑不是不銳利和堅固，糧食不是不多；（然而敵人一來，）便棄城逃走，這就是說，佔地利的不及得人和的。所以我說，限制人民不必用國家的疆界，保護國家不必靠山川的險阻，威行天下不必兵器的銳利。行仁政的幫助他的人就多，不行仁政的幫助他的人就少。幫助的人少到極點時，連親戚都反對他，幫助的人多到極點時，全天下都順從他。拿全天下順從的力量，來攻打連親戚都反對的人，那麼，仁君聖主或者不用戰爭，若用戰爭，是必然勝利的了。」

◎①天時、地利、人和——可能是當時成語。歷代註家以陰陽五行家的「時日干支五行王相孤虛」解釋，恐非孟子本意。孟子這裡的天時，可能是指陰陽寒暑之宜於攻戰與否而言。地利，是指高城深池山川險阻。人和，自是指人心所向內部團結。

②三里之城，七里之郭——城、指內城。郭是外城。城三里、外城應五里，不能七里。此七里當是五里之訛，是言其城郭之小。

③環——圍也。

④必有得天時者矣——朱熹：「四面圍攻。曠日持久，必有值天時之善者」。

⑤池——城壕也。

⑥兵革——兵、武器，指戈矛刀箭等。革、皮革，古代甲冑，有以皮革為之者，也有以銅鐵為之者。

⑦委——棄也。

⑧域——界限。

⑨得道——意指行仁政的治國之道。

⑩親戚畔之——親、指族內，戚、指族外。畔、同叛。

⑪有不戰—此「有」字可讀為「有無」之有。亦可讀為「或」，古書「有」與「或」經常通用。譯文用「或」義。

五、距農家

（一）百工之事　不可耕且為之

有為神農①之言者許行②，自楚之滕，踵③門而告文公曰：「遠方之人，聞君行仁政，願受一廛而為氓④。」

文公與之處。

其徒數十人，皆衣褐⑤，綑屨⑥織席以為食。

陳良⑦之徒陳相，與其弟辛，負耒耜，而自宋之滕，曰「聞君行聖人之政，是亦聖人也；願為聖人氓。」

陳相見許行而大悅，盡棄其學而學焉。

陳相見孟子，道許行之言曰：「滕君則誠賢君也；雖然，未聞道也！賢者與民並耕而食，饔飧[8]而治。今也滕有倉廩府庫，則是厲[9]民而以自養也，惡得賢？」

孟子曰：「許子必種粟而後食乎？」

曰：「然。」

「許子必織而後衣乎？」

曰：「否，許子衣褐。」

「許子冠乎？」

曰：「冠。」

曰：「奚冠？」

曰：「冠素。」

曰：「自織之與？」

曰：「否，以粟易之。」

曰：「許子奚為不自織？」

曰：「害於耕。」

曰：「許子以釜甑⑩爨，以鐵⑪耕乎？」

曰：「然。」

「自為之與？」

曰：「否，以粟易之。」

「以粟易械器者，不為厲陶冶；陶冶亦以其械器易粟者，豈為厲農夫哉？且許子何不為陶冶，舍⑫皆取諸其宮⑬中而用之？何為紛紛然與百工交易？何許子之不憚煩？」

曰：「百工之事，固不可耕且為也。」（滕文公上、第四章之一）

【譯文】有一位研究神農氏的學說的人叫許行的，從楚國到了滕國，親自謁見滕文公，告訴他說：「我這個由遠方來的人，聽說您實行仁政，希望得到一個住處，做您的百姓。」文公給了他房屋。

他的門徒幾十個，都穿著粗麻織成的衣服，以打草鞋、織蓆子為生活。

陳良的門徒陳相和他弟弟陳辛背著農具，從宋國到了滕國，也對文公說：「聽說您實行聖人的政治，那麼，您也是聖人了。我們願意做聖人的百姓。」

陳相見了許行，非常高興，完全拋棄以前的學說而向許行學習。陳相來看孟子，轉述許行的話，說道：「滕君確實是個賢明的君主，雖然如此，但是他還是不懂得道理。賢人要和人民一道耕種才吃；自己做飯，而且也要替百姓辦事。如今滕國有儲米穀的倉廩和財物的府庫，這是損害別人來奉養自己，又怎能叫做賢明呢？」

孟子說：「許子一定自己種莊稼才吃飯嗎？」

陳良說：「對。」

「許子一定自己織布才穿衣嗎？」

「不！許子只穿粗麻織成的衣服。」

「許子戴帽嗎？」

答道：「戴。」

孟子問：「戴什麼帽子？」

答道：「戴白綢帽子。」

孟子問：「自已織的嗎？」

答：「不！用米穀換來的。」

孟子問：「許子為什麼不自已織呢？」

答道：「因為妨害做莊稼。」

孟子問：「許子也用鍋甑做飯，用鐵器耕田嗎？」

答道：「對。」

「自已做的嗎？」

答道：「不，用穀米換來的。」

孟子便說：「農夫用穀米換取鍋甑和農具，不能說是損害了瓦匠、鐵匠，那麼，瓦匠、鐵匠用鍋甑農具來換取穀米，難道說是損害了農夫嗎？而且許子為什不親自燒窯冶鐵，做成各種器械，什麼東西都儲備在家中隨時取用呢？為什麼許子要這樣那樣一件件地和各種工匠做買賣？為什麼許子這樣不怕麻煩？」

陳相答道。「各種工匠的工作本來不是一方面耕種一方面能同時幹得了的。」（孟子所需要的答案，陳相自已說出來了。）

◎①神農—上古傳說中的人物。《尚書》〈大傳〉、《白虎通》〈號篇〉等以伏羲、神農、燧人為三皇。春秋戰國諸子，多託古代聖主以自重。孟子言必稱堯舜，重農學派也託於神農。《漢書藝文志》有〈神農〉二十篇。班固自注：「六國時諸子疾時怠於農業，道耕農事，託之神農。」劉向《別錄》：「疑李悝及商君所說。」《呂氏春秋》〈愛類〉：「身親耕、妻女親績，所以見致民利也。」與許行之說相合。

②許行—不見於他書。有謂墨家之許犯即農家之許行，不甚可信。

③踵—至也。

④氓—《說文》：自他歸往之民曰氓，故字從「民」「亡」。高誘、趙歧：皆謂是野民、野人之稱。

⑤褐—趙歧：「褐有三義。一為用細獸毛做成的。二為以未績之麻所製成的短衣。三為粗布衣。」此宜取前二說。

⑥捆屨—編草鞋、麻鞋，一面編織，一面敲打，似今之所謂「打草鞋」、「打毛衣」。故《玉篇》云：「捆，織也，纂組也。」

⑦陳良—梁啟超以為是「仲良氏之儒」。

⑧饔飧—（ㄩㄥ ㄙㄨㄣ）熟食也。朝曰饔，夕曰飧。此作動詞用，謂自為炊也。

⑨厲—病也。

⑩釜甑—釜、金屬器具。甑，陶器，故字分別從「金」從「瓦」。

⑪鐵—此指農具，以器物質料代器物之名稱。
⑫舍—何物也。今之「啥」。「什麼」之意。
⑬宮—室也。古者貴賤皆稱。秦漢以後惟王者所居稱宮。

（二）聖人治民　而暇耕乎

（孟子曰）：「然則治天下獨可耕且為與？有大人①之事，有小人之事。且一人之身，而百工之所為備。如必自為而後用之，是率天下而路②也。故曰：『或勞心，或勞力。』勞心者治人，勞力者治於人；治於人者食人，治人者食於人，天下之通義也。

當堯之時，天下猶未平，洪水橫流，氾濫於天下。草木暢茂，禽獸繁殖，五穀不登，禽獸偪③人，獸蹄鳥跡之道，交於中國。堯獨憂之，舉舜而敷④治焉。舜使益掌火；益烈山澤而焚之，禽獸逃匿。禹疏九河⑤；瀹濟⑥、漯⑦而注諸海；決汝漢、排淮泗⑧而注之江⑨。然後中國可得而食也。當是時也，禹八年於外，三過其門而不入；雖欲耕得乎。

后稷教民稼穡，樹藝五穀⑩；五穀熟，而民人育。人之有道⑪也，飽食煖衣逸居而無教⑫，則近於禽獸。聖人有憂之，使契⑬為司徒，教以人倫：父子有親，君臣有義，夫婦有別，長幼有序，朋友有信。放勳⑭曰⑮：『勞之，來之⑯；匡之，直之；輔之；翼之；使自得之；又從而振德之。』聖人之憂民如此，而暇耕乎？」（滕文公上、第四章之二）

【譯文】（孟子進一步地說道：）「那麼，難道管理國家就能一方面耕種一方面又能同時幹得了的嗎？（可見必須分工。）有官吏的工作，有小民的工作。只要是一個人，各種工匠的成品對他都是不可缺少的，如果一件件東西都要自己製造出來才去用它，這是率領天下的人疲於奔命。所以我說，有的人勞動腦力，有的人勞動體力；腦力勞動者統治人，體力勞動的人被人統治；被統治者養活別人，統治者靠人養活，這是通行天下的共同原則。

當堯的時候，天下還不安定，大水為災，四處泛濫，草木密密麻麻地生長，鳥獸成群繁殖，穀物卻沒有收成，飛鳥野獸危害人類，到處都是它們的腳跡。堯獨為此憂慮，把舜選拔出來總領治理工作。舜命令伯益掌管火政，益便將山野沼澤地帶的草木用烈火燒毀，使鳥獸逃跑隱藏。禹又疏九河，治理濟水、漯水，引流入海，挖掘汝水、漢水，疏通淮水、泗水，引導流入長江，中國才可以耕種。在這個時候，禹八年在外，三次經過自己的家門都不進去，縱使想親自種地，可能嗎？

后稷教導百姓種莊稼，栽培穀物。穀物成熟了，便可以養育百姓。人之所以為人，吃飽了，穿暖了，住得安逸了，如果沒有教育，也和禽獸差不多。聖人又為此憂慮，便使契作司徒的官，主管教育。用關於人與人的關係的大道理以及行為準則來教養人民——父子之間有骨肉之親，君臣之間有禮義之道，夫妻之間摯愛而有內外之別，老少之間有尊卑之序，朋友之間有誠信之德。堯說道：『督促他們，糾正他們，幫助他們，使他們各得其所，然後加以提攜和教誨。』聖人為百姓考慮和如此周到而不倦，還有閒暇耕種嗎？」

◎①大人—也相當於「君子」，指有德者或有位者。此處指有位者。
②路—王引之：「路讀為露，路家、羸困窮也。」

③偪—古逼字。

④敷—徧也。布也。

⑤九河—《尚書》〈禹貢〉徒駭、太史、馬頰、覆釜、胡蘇、簡、絜、鉤盤、鬲津。

⑥濟—水名。源出今河南濟源縣西王屋山。故道本過黃河南，東流至山東，與黃河平行而入海。今則下游為黃河所佔，惟河北發源處尚存。

⑦漯—此處讀（ㄊㄚˋ）。古漯水當出今山東朝城縣境。宋時黃河決口於商胡，朝城絕流，舊跡湮沒。

⑧決汝漢排淮泗而注之江—此句古今爭議最多。原因就是只有漢水（源出陝西之潘家山經老河口，正支東流至漢陽入于長江。）而汝與淮、泗不入江。孟子不過申述禹治水之功，未必字字實在。所以不必拘泥。

⑨后稷—相傳名棄，周之始祖，帝堯時為農師。《詩》〈大雅生民〉即是歌頌其事的樂章。

⑩五穀—稻（水稻），黍（黏黃米，可釀酒）、稷（小米），麥（小麥）、菽（豆類之總名）。

⑪有道—為道也。

⑫飽食句—舊以「飽食暖衣」為一讀，「逸居而無教」為一讀。崔述《論語餘說》：

「飽食煖衣逸居而無教」九字為一句。謂衣、食、居三者俱全而惟無教也。
⑬契—（ㄒㄩㄝˋ）本作「偰」，相傳為殷代的祖先。
⑭放勳—放，舊讀（ㄈㄤˇ）。放勳，帝堯之名。
⑮曰—孫奭《孟子音義》並按趙岐注語，謂此「曰」字乃「日」字之誤，是也。惟字誤已久，譯文仍用「曰」字。
⑯勞之來之—《爾雅》：「勞、來，勤也」。下文，「匡」、「直」同義，正也。「輔」、「翼」同義，助也。

(三) 用心治天下　亦不用於耕

（孟子曰：）「堯以不得舜為己憂，舜以不得禹、皋陶①為己憂。夫以百畝之不易②為己憂者，農夫也。分人以財謂之惠，教人以善謂之忠，為天下得人者謂之仁。是故以天下與人易，為天下得人難。孔子曰③：『大哉堯之為君！惟天為大，惟堯則之，蕩蕩乎民無能名焉！君哉舜也！巍巍乎有天下而不與焉！』堯舜之治天下，豈無所用其心哉？亦④不用於耕耳。」

吾聞用夏變夷者，未聞變於夷者也。陳良，楚產也，悅周公、仲尼之道，北學於中國。北方之學者，未能或之先也。彼所謂豪傑之士也。子之兄弟事之數十年，師死而遂倍⑤之！昔者孔子沒，三年之外，門人治任⑥將歸，入揖於子貢，相嚮而哭，皆失聲，然後歸。子貢反，築室於場，獨居三年，然後歸。他日，子夏、子張、子游以有若似聖人，欲以所事孔子事之，強曾子。曾子曰：『不可；江漢以濯之，秋陽⑦以暴⑧之，皜皜⑨乎不可尚已。』今也南蠻鴃⑩舌之人，非先王之道，子倍子之師而學之，亦異於曾子矣。吾聞出於幽谷遷於喬木者，未聞下喬木而入於幽谷者。《魯頌》曰：『戎狄是膺，荊舒是懲』⑪。「周公方且膺之，子是之學，亦為不善變矣。」

「從許子之道，則市賈⑫不貳，國中無偽；雖使五尺之童⑬適市，莫之或欺，布帛長短同，則賈相若；麻縷絲絮輕重同，則賈相若；五穀多寡同，則賈相若；屨大小同，則賈相若。」

曰：「夫物之不齊，物之情也；或相倍蓰⑭，或相什佰⑮，或相千萬。子比⑯而同之，是亂天下也。巨屨小屨⑰同賈，人豈為之哉？從許子之道，相率而為偽者也，惡能治國家？」（滕文公上、第四章之三）

【譯文】（孟子說：）『堯把得不著舜這樣的人作為自已的憂慮，舜把得不著禹和皐陶這樣的人作為自已的憂慮。把自已的田地耕種得不好作為憂慮的，那是農夫。把錢財分給別人的叫做惠，把好的道理教給別人的叫做忠，替天下人民找到出色人才的便叫做仁。（在我看來）把天下給別人比較容易。替天下找到出色人才卻困難些。所以孔子說：『堯的做天子真是偉大！只有天最偉大，也只有堯能夠效法天。堯的聖德廣闊無邊呀，竟使人民找不到恰當的詞語來讚美他！舜也是了不得的天子！那麼使人敬服地有了天下，自已卻不享受它，佔有它！』堯舜的治理天下，誰道不用心思嗎？只是不用在莊稼上罷了。

孟子繼續說：「我只聽說過用中國的一切來改變落後國家的，沒有聽說過用落後國家的一切來改變中國的。陳良本是楚國的土著，卻喜愛周公孔子的學說，由南而北到中國來學習，北方的讀書人還沒有人能夠超過他的，他真是所謂豪傑之士啊！你的兄弟向他學習了幾十年，他一死，竟完全背叛他！從前，孔子死了，（他的門徒都給他守孝三年）三年之後，各人收拾行李準備回去，走進子貢住處作揖告別，相對而哭，都泣不成聲，這才回去。子貢又回到墓地重新築屋，獨自住了三年，然後回去。過了些時，子夏、子張、子游認為有若有點像孔子，便想要用尊敬孔子之禮來尊敬他，勉強曾子同意。曾子說：『不行；譬如曾經用江漢之水洗濯過，曾經在夏日的太陽裏曝晒過，真是潔白得無以復加了。（誰能再比得上孔子呢？）』如今許行這南方蠻子，說話怪腔怪調，也來指責我們祖先聖王之道，你們卻背叛你們的老師去向他學，那和曾子的態度便相反了。（譬如鳥），我只聽說過飛出深暗山溝遷往高大樹木的，沒有聽說過離開高大樹木飛進深暗陰溝的。魯頌說過：「攻擊戎狄，痛懲荊舒。」（楚國這樣的國家，）周公還要攻擊它，你卻向他學，這簡直是越變越壞了。」

（陳相卻說）：「如果聽從許子的學說，那就會做到市場上的物價一致，人人沒有欺假。縱令打發小孩子去市場，也沒有人來欺騙他。布匹絲綢的長短一樣，價錢便一樣，麻線絲綿的輕重一樣，價錢也一樣；穀米的多少一樣，價錢也一樣；鞋的大小一樣，價錢也一樣。」

（孟子說）：「各種東西的品種質量不一致，這是自然的。（它們的價格）有的相差一倍五倍，有的相差十倍百倍，甚至千倍萬倍；你要（不分精粗優劣）完全使它們一致，只是擾亂天下罷了。好鞋壞鞋一樣價錢，人難道肯幹嗎？聽從許子的學說，是率領大家走向虛偽，那能夠治理國家呢？」

◎①皐陶—（ㄍㄠ　一ㄠˊ）又作「咎繇」。《舜典》：「皐陶，汝作士。」為舜時的司法官。

②易—治也。

③孔子曰等句—參看《論語》〈泰伯第八〉第十九、二十章。

④亦—副詞，《詞詮》祗也，特也、但也。

⑤倍—同「背」。

⑥任—《詩》、〈大雅、生民〉「是任是負」，鄭玄以「抱」釋「任」，《國語》〈齊語〉注亦云：「任，抱也」。而趙岐此註云：「任，擔也」。焦循正義云：「〈郊特牲〉注云」，『孕』任子也。孕懷抱在前，則『任』之為抱，其本義也。因而擔於肩者，載於車者（《淮南子》高誘注云：『任』載也。），通謂之任，散言之則通也。

⑦秋陽—陽，太陽也。周正建子，周之七八月乃今日農曆之五六月，故周之所謂秋陽，實為今夏日之太陽。

⑧暴—「曝」本字。

⑨皜皜—趙岐註云：「甚白也。」但「江漢以濯」三句，毛奇齡四書索解焦循正義均

以為「江漢以濯之，以江漢比夫子也；秋陽以暴之，以秋陽比夫子也，皜皜乎不可上，以天比夫子也。同一水，池沼可濯也，不能及江漢之濯也：同一火，燔燎可暴也，不能及秋陽之暴也」乃以江漢擬之猶未足也，以秋陽擬之猶未盡也，其如天之不可上矣。又此一解，故云「皜皜謂孔子盛德如天之元氣皓旰」但譯文仍從趙義。

⑩鴃—亦作「鴂」、「鶪」，音抉（ㄐㄩㄝˊ），即伯勞鳥。

⑪戎狄是膺兩句—詩見〈魯頌、閟宮〉。膺，擊也。

⑫賈—同「價」。

⑬五尺之童—古人尺短，五尺不過今日之三尺半。

⑭蓰—（ㄒㄧˇ）五倍。

⑮什伯—十倍、百倍。

⑯比—（ㄅㄧˋ）次也。

⑰巨屨小屨—趙岐：巨、粗屨也，小、細屨也。

六　距雜家

（一）道、一而已矣

滕文公為世子①，將之楚，過宋②而見孟子。孟子道性善，言必稱堯、舜。世子自楚反，復見孟子。孟子曰：「世子疑吾言乎？夫道，一而已矣！成覸③謂齊景公曰：『彼丈夫也。我丈夫也，吾何畏彼哉？』顏淵曰：『舜何人也，予何人也，有為者亦若是！』公明儀④曰：『文王我師也，周公豈欺我哉？』今滕絕長補短⑤，將五十里也，猶可以為善國。《書》曰⑥：『若藥不瞑眩，厥疾不瘳』」（滕文公上、第一章）

【譯文】滕文公當他作太子的時候，要到楚國去，經過宋國，會見了孟子。孟子開口不離堯舜，同他講了人性本是善良的道理。

世子從楚國回來，又來看孟子。孟子說：「太子懷疑我的話嗎？天下的真理就這麼一個。成覸對齊景公說：『他是個男子漢，我也是個男子漢，我為什麼怕他呢？』顏淵說：『舜是什麼樣的人，我也是什麼樣的人，有作為的人也會像他那樣。』公明儀說：『文王是我的老師，周公也是應該信賴的。』現在的滕國，假若把土地截長補短，排成方形，每邊之長也將近五十里，還可以治理成一個好國家。《書經》上說過：『如果藥物不能使人吃得頭暈腦轉，那種病是不會痊愈的』」。

◎①世子—即太子。「世」、「太」古音相同。《公羊傳》〈莊三十二年〉云：「君存稱世子。」

②過宋—過，舊讀（ㄍㄨㄛ）。是時宋都已由商邱遷彭城（今徐州市），滕在徐州北約兩百里，往返楚國必經過宋國。閻若璩以為滕文公是故意為孟子而繞道，蓋不知宋已遷都之事也。

③成覸—（ㄐㄧㄢˋ）齊之勇士。王夫之《孟子稗疏》云：其言『吾何畏彼』者，以角力言耳，孟子借引以喻人之自強。」

④公明儀—曾子弟子。

⑤絕長補短—為當時計算土地面積時之常用語，並見於《墨子》〈非命〉，《戰國策》〈楚策〉。

⑥《書》曰句—若藥不瞑（ㄇㄧㄥˊ）眩（ㄒㄩㄢˋ），厥疾不瘳（ㄔㄡ）。又見《國語》〈楚語〉引《武丁之書》。梅頤以為《偽古文》〈說命〉上篇。趙歧：「藥攻人疾，先使瞑眩憒亂，乃得瘳愈也。」厥，其。瘳，愈。

（二）道二、仁與不仁

孟子曰：「規矩，方員之至①也；聖人，人倫之至也。欲為君盡君道，欲為臣盡臣道：二者皆法堯舜而已矣。不以舜之所以事堯事君，不敬其君也；不以堯之所以治民治民，賊其民者也。孔子曰：『道二，仁與不仁而已矣。』暴其民，甚②，則身弒國亡，不甚，則身危國削，名之曰：『幽』、『厲』③，雖孝子慈孫，百世不能改也。《詩》云：『殷鑒不遠，在夏后之世。』④此之謂也。」（離婁上、第二章）

【譯文】孟子說：「圓規和矩尺是方圓的標準，聖人是做人的標準。作為君主，就要盡君主之道；作為臣子，就要盡臣子之道。這兩種的作為，只要取法堯和舜便行了。不用舜服事堯的態度和方法來服事君主，便是對他的君主不恭敬；不用堯治理百姓的態度和方法來治理百姓，便是對百姓的殘害。孔子說：『治理國家的方法有兩種，行仁政和不行仁政罷了。』暴虐百姓太厲害，本身就會被殺，國家會被滅亡；不太厲害，本身也會危險，國力會被削弱，死了的謚號叫做『幽』、『厲』，縱使他有孝子慈孫，經歷一百代也是更改不了的。《詩經》說過：『殷商有一面離它不遠的鏡子，就是前一代的夏朝。』說的正是這個意思。

◎①至—與「極」同，至極也。譯為「標準」。

②暴其民甚數語—焦循從趙佑《溫故錄》之說，句讀應為「暴其民，甚，則身弒國亡；不甚，則身危國削。」譯文從之。甚，過也。譯作「太厲害。」

③幽厲—周有幽王、厲王。《逸周書》〈謚法解〉云：「壅遏不通曰幽，動祭亂常曰幽。殺戮無辜曰厲。」可見幽、厲，都是惡謚。厲王為幽王之祖。厲王暴虐，為止謗而殺謗者，終被國人所驅逐。幽王寵褒姒，用佞臣虢石父，被申侯及犬戎所殺。

④殷鑑不遠兩句—見《詩經》〈大雅、蕩〉。古代的鏡子是用銅鑄的，叫做「鑑」。

七、距小說家

（一）非君子之言

咸丘蒙①問曰：「語云：『盛德之士，君不得而臣，父不得而子。』舜南面而立，堯帥諸侯北面而朝之，瞽瞍亦北面而朝之。舜見瞽瞍，其容有蹙②。孔子曰：『於斯時也，天下殆哉，岌岌乎③！』不識此語誠然乎哉？」

孟子曰：「否。此非君子之言，齊東野人之語也。堯老而舜攝。《堯典》④曰：『二十有八載⑤，放勳⑥乃徂落⑦；百姓⑧如喪考妣⑨，三年，四海遏密八音⑩。』孔子曰：『天無二日，民無二王⑪。』舜既為天子矣，又帥天下諸侯以為堯三年喪，是二天子矣。」

咸丘蒙曰：「舜之不臣堯，則吾既得聞命矣。《詩》⑫云：『普天之下，莫非王土；率土之濱，莫非王臣。』而舜既為天子矣，敢問瞽瞍之非臣，如何？」

曰：「是詩也，非是之謂也。勞於王事，而不得養父母也。曰：『此莫非王事，我獨賢勞也⑬』故說詩者，不以文⑭害辭⑮，不以辭害志；以意逆⑯志，是為得之。如以辭而已矣，《雲漢》之詩曰：『周餘黎民，靡有孑遺⑰。』信斯言也，是周無遺民也。孝子之至，莫大乎尊親；尊親之至，莫大乎以天下養，為天子父，尊之至也，以天下養，養之至也，《詩曰》：『永言孝思，孝思惟則⑱。』此之謂也。《書》曰：『祇

載見瞽瞍，夔夔齊栗，瞽瞍亦允若⑲。』是為父不得而子也？⑳」（萬章上、第四章）

【譯文】咸丘蒙問道：「俗話說：『道德最高的人，君主不能以他為臣，父親不能以他為子。』舜（便是這種人），」做了天子，堯便帥領諸侯面向北去朝他，他父親瞽瞍也面向北去朝他。舜看見了瞽瞍容貌侷促不安。孔子說道：『這個時候，天下岌岌乎危險得很呀！』不知道這話是真的嗎？」

孟子道。「不，這不是君子的言語，而是齊東野人的話。（堯活著的時候，舜未嘗作天子，不過，）堯當老年時，叫舜代理天子之職罷了。《堯典》上說過，『二十八年以後，堯死了，群臣好像死了父母一樣，服喪三年，老百姓也停止一切音樂。』孔子說過，『天下沒有兩個太陽，人間沒有兩個天子。』假若舜真在堯死以前做了天子，同時又帥領天下的諸侯為堯服喪三年，這便是同時有兩個天子了。」

咸丘蒙說：「舜不以堯為臣，我已經領受您的教誨了。《詩經》說過：『天下沒有一塊不是天子的土地，環繞土地的四周，沒有一人不是天子的臣民。』如果舜既做了天子，請問瞽瞍不是臣民，又是什麼道理呢？」

孟子說：「北山這首詩，不是你說的那意思，而是說作者本人勤勞國事，以致不能夠奉養父母。他說『這些事沒有一件不是天子之事呀，為什麼我一人勞苦呢？』所以解說詩的人，不要拘於文字而誤解辭句，也不要拘於辭句而誤解原意。用自已切身的體會去推測作者的本意，這就對了。假如拘於詞句，那《雲漢》的詩說：『周朝剩餘的百姓沒有一個人存留了』。孝子孝的極點，沒有超過尊敬他的雙親的；尊敬雙親的極點，沒有拏天下來奉養父母的。瞽瞍做了天子的父親，可說是尊貴到極點了；舜以天下來奉養他，可說是奉養的頂點了。《詩經》又說過。『永遠地講究孝道，孝道便是天下的法則。』正是這個意思。《書經》也說田：『舜恭敬小心地來見瞽瞍，態度謹慎恐懼，瞽瞍也因之真正順理而行了。』這難道是『父親不能夠以他為兒子』嗎？」按：真如所問那樣，不是「無君」「無父」了嗎？

◎①咸丘蒙—孟子弟子。

②有蹙—「有」為詞頭、無義。蹙（ㄘㄨˋ）、不安貌。

③天下殆哉岌岌乎—是「天下岌岌乎殆哉」之倒裝。古人常以「岌」或「岌岌乎」作狀語，表示危殆。此語同見於《墨子》〈非儒〉、《韓非子》〈忠孝〉。

④堯典，曰—以下數句為今《尚書》〈舜典〉文。按：〈堯典〉、〈舜典〉本為一

篇。謂之〈堯典〉。齊明帝時得所謂《孔氏傳古文》，始分為二，以「慎徽五典」至末為〈舜典〉，而加「粵若稽古帝舜等二十八字於其中。實則與古不合。

⑤二十有八載—有，讀為又。古人常於十數與零數之間用「有」字。《史記》〈堯本紀〉：堯立七十得舜，二十年而老，令舜攝行天子之政，薦之於天，堯辟位凡二十八年而崩。則此「二十有八載」謂舜攝政之二十八年也。此可與本編第二六六頁之「舜相堯二十有八載」互證。

⑥放勳—堯之稱號，亦作，「放勛」。「放」舊讀（ㄈㄤˇ）。

⑦徂落—死也。

⑧百姓—一般指小民而言。此指「百官。」蓋有爵士者為天子服斬衰三年。閻若璩、王夫之都如此說。

⑨考妣—父母。

⑩四海遏密八音—四海指民間，遏、止也，密（謐），靜語也，又無聲也。八音，指八種質料（金、石、絲、竹、匏、士、革、木）所作的樂器而言。

⑪天無二日，民無二王—《禮記》〈曾子問〉、〈坊記〉都引有此語。惟「民」皆作「士」。

⑫《詩》云以下諸句—見《詩》〈小雅、北山〉。《詩序》云：〈北山〉、大夫刺

幽王也。役使不均，己勞於從事，而不得養其父母焉。」率土之濱之「率」，《毛傳》訓「循」，是也。王引之認為是「自也」，恐非。

⑬賢勞—《毛傳》：賢，勞也，賢勞，猶言劬勞。《小爾雅》：賢，多也。孟子說詩為賢勞，正是「多勞」之義。

⑭文—文字。

⑮辭—辭語。

⑯逆—揣測之意。《易》〈說卦〉：「知來者逆，是故易，逆數也。」義與此同。

⑰周餘黎民，靡有孑遺—見《詩》〈大雅、雲漢〉。黎民、老百姓。靡、無。孑、餘也。孑遺二字同義。

⑱《詩》曰至維則—此〈大雅、下武〉之文。

⑲《書曰》至允若—趙歧云：「《尚書、逸篇》」又：「祗、敬，載，事也。夔夔，音（ㄎㄨㄟˊ）齊，（同齋），栗，敬慎恐懼貌。

⑳也—同邪、耶。

（二）好事者為之 其一

萬章問曰：「或謂孔子於衛主癰疽①，於齊主侍人瘠環②，有諸乎？」

孟子曰：「否，不然也；好事者為之也。於衛主顏讎由③。彌子④之妻與子路之妻，兄弟也。彌子謂子路曰：『孔子主我，衛卿可得也。』子路以告。孔子曰：『有命。』孔子進以禮，退以義，得之⑤不得曰『有命』。而主癰疽與侍人瘠環，是無義無命也。孔子不悅於魯衛⑥，遭宋桓司馬將要而殺之⑦，微服⑧而過宋。是時孔子當阨，主司城貞子⑨，為陳侯周臣⑩。吾聞觀近臣⑪，以其所為主；觀遠臣⑫，以其所主。若孔子主癰疽與侍人脊環，何以為孔子！」（萬章上、第八章）

【譯文】萬章⑬問道：「有人說：『孔子住在衛國靈公所寵幸的宦官家裡，在齊國也住在宦官瘠環家裡』。真有這一回事嗎？」

孟子說：「不，不是這樣的；這是好事之徒捏造出來的。孔子在衛國，住在顏讎由家中。彌子瑕的妻子和子路的妻子是姊妹。彌子瑕對子路說：『孔子住在我家中，衛國卿相的位置便可以得到。』子路把這話告訴了孔子。孔子道：「『一切由命運決定。』孔子依禮法而進，道義而退，他說得著官位和得不著官位，『由命運決定』。如果他住在癰疽和宦官瘠環家中，這種行為，便是無視禮義和命運了。孔子在魯國和衛國不得意，又碰上了宋國的司馬向魋預備攔截他並要將他殺害，只得改變服裝悄悄地走過宋國。這時候孔子處在困難的境地，便住在司城貞子家中，做了陳侯周的臣子，我聽說過。觀察在朝的臣子，看他所招待的客人；外來的臣子，看他所寄居的主人。如果孔子真的以癰疽和宦官瘠環為主人，這怎麼能算孔子呢？」

◎①主癰疽—主，名詞作動詞用。「主癰疽，以癰疽為主人。」譯文則用《史記》的說法。有作雍渠的。翟灝〈考異〉云：「均以聲同通借耳。」

②侍人瘠環—侍人，有作「寺人」，朱熹云：「侍人，奄人也。」癰疽也是寺人（宦官），而不言者，大概因其人較為人所知的緣故。古代以與宦官交往為醜事。

③顏讎由—《史記》〈孔子世家〉作「顏濁鄒」。《左傳》、《莊子》、《呂氏春秋》有一顏濁鄒，則為齊人。夏炘、張守節以讎由、涿聚、涿聚為同一人。恐誤。

④彌子—衛靈公寵臣彌子瑕。當時有人曾造作孔子與彌子瑕交游的蜚語，孟子因連帶之，更可以表現孔子未曾主癰疽了。

⑤之—此「之」字作「與」字用。

⑥不悅於魯，指「齊人饋女樂，季桓子受之」事；不悅於衛，指「招搖市過之」之事。詳《史記》〈孔子世家〉。

⑦遭宋桓司馬將要而殺之──十字作一句讀。〈孔子世家〉云：「孔子去曹適宋，與弟子習禮大樹下。宋司馬桓魋（ㄊㄨㄟˊ）欲殺孔子，拔其樹。孔子去」。要（ㄧㄠ），攔截。

⑧微服──謂變異平常的服裝以避人耳目。

⑨司城貞子──〈孔子世家〉云：孔子遂至陳，主於司城貞子家。趙歧以為宋人，恐誤。

⑩陳侯周──趙歧云：「陳懷公之子也。為楚所滅，故無謚，但曰陳侯周。」（另有他說，略。）

⑪近臣──朱熹：近臣，在朝之臣。

⑫遠臣──朱熹：遠方來仕者。

⑬萬章──姓萬名章，孟子弟子。案此人當是孟子高足弟子。一則問難最多，一則《史記》說：「孟子退而與萬章之徒作《孟子》七篇。」

（二）好事者為之　其二

萬章問曰：「或曰，『百里奚①自鬻於秦養牲者五羊之皮，食牛，以要秦穆公。』信乎？」

孟子曰：「否，不然；好事者為之也。百里奚，虞人也。晉人以垂棘之壁，與屈產之乘，假道於虞以伐虢②。宮之奇諫。百里奚不諫。知虞公之不可諫而去之秦，年已七十矣。曾③不知以食牛干秦穆公之為污也，可謂智乎？不可諫而不諫，可謂不智乎？知虞公之將亡而先去之，不可謂不智也。時舉於秦，知穆公之可與有行④也而相之，可謂不智乎？相秦而顯其君於天下，可傳於後世，不賢而能之乎？自鬻以成其君，鄉黨自好者不為，而謂賢者為之乎？」（萬章上。第九章）

【譯文】萬章問道：「有人說：『百里奚把自己賣給秦國養牲畜的人，得價五張羊皮，替人家飼養牛，以此來干求秦穆公』。這話可以相信嗎？」

孟子答道：「不，不是這樣的；這是好事之徒捏造的。百里奚是虞國人。晉人用垂棘的美玉和屈地所產的良馬向虞國借路，來改打虢國。當時虞國的大臣宮之奇諫說虞公，勸他不要允許；百里奚卻不去勸說。他知道虞公是不可以勸的，因而離開虞國，搬到秦國，這時他已七十歲了。他竟不知道用飼養牛的方法來干求秦穆公是一種惡濁行為，可以說是聰明嗎？但是，他預見虞公不可以勸阻，便不去勸阻，又可以說不聰明嗎？他又預見虞國將要被滅亡，因而早早離開，又不能說不聰明。當他在秦國被推舉出來的時候，便知道秦穆公是位可以幫助而有作為的君主，因而幫助他，又可以說是不聰明嗎？做秦國的卿相，使秦穆公在天下有顯赫的名望，而且足以流傳於後代，不是賢者能夠如此嗎？賣掉自已來成全君主，鄉里中一個潔身自愛的人都不肯幹，反說賢者肯幹嗎？」

◎①百里奚──「奚」或作「傒」。虞人。後事秦，號為五羖（ㄍㄨˇ）大夫。《史記》〈商君列傳〉謂百里奚自鬻於秦客，（賣價五羖羊皮）干求秦穆公。穆公舉之牛口之下，而加之百姓之上。但《史記》〈秦本紀〉另一說法，百里奚於晉假道於虞以伐虢，終滅虞時，與虞公同被虜。乃逃亡至秦走宛，為楚鄙人所執。秦穆公聞其賢，以五羖羊皮贖之。時年已七十。授之國政。是則同出於太史公之筆，而事竟有所不同。考之《國策》〈外傳〉；《說苑》，則與《孟子》以五羊皮為賣價之說相同。

②晉人假道於虞以伐虢，詳《左傳》〈僖公二年〉。垂棘、屈皆地名。璧，玉也。

乘、此指能駕車的馬。

③曾—乃也、竟也。

④有行—與「有為」同。

八、斥輕堯、舜、禹者

（一）貉與桀 非堯舜之道

白圭①曰：「吾欲二十而取一，何如？」

孟子曰：「子之道，貉②道也。萬室之國，一人陶，則可乎？」

曰：「不可。器不足用也。」

曰：「夫貉，五穀不生，惟黍③生之；無城郭、宮室、宗廟、祭祀之禮，無諸侯幣帛、饔飧④，無百官、有司，故二十取一而足也。今居中國，去人倫，無君子⑤，如之何其可也！陶以寡，且不可以為國，況無君子乎！欲輕之於堯、舜之道者，大貉

小貉也；欲重之於堯、舜之道者，大桀、小桀也。⑥」（告子下、第十章）

【譯文】白圭說：我想定稅率為二十抽一，（比堯、舜十分抽一輕的多）怎麼樣？」

孟子說：「你的方針是貉國的方針。假如有個一萬戶的國家，一個人製作陶器（以供國人所需）那可以嗎？」

白圭答道：「不可以，因為陶器不夠用。」

孟子說：「貉國各種穀類都不生長，只生長糜子（黃米）；又沒有城牆、房屋、祖廟和祭祀的禮節，也沒有各國間的互相往來，致送禮物和饗宴，也沒有各種衙署和官吏，所以二十抽一便夠了。如今在中國不要社會間的一切倫常，不要各種官吏，那怎麼行呢?做陶器的太少，尚且不能供一個國家所需，何況沒有官吏（來服務人民呢？）想要比堯舜的十分抽一的稅率還輕的，是大貉、小貉；想要比堯舜的十分抽一的稅率還重的，是大桀、小桀。」

◎①白圭—人名，字丹。其事跡散見於《呂氏春秋》〈聽言〉、〈先識〉、〈不屈〉、〈應言〉、〈舉難〉、〈知分〉等篇，《韓非子》〈內儲說下〉、〈喻老〉，《戰國策》〈魏策〉及《史記》〈鄒陽傳〉、〈貨殖傳〉均有他的事跡。曾相魏，曾築堤治水，善生產。與孟子同時略小於孟子。

②貉—同「貊」（ㄇㄛˋ）。北方的一小國。

③黍—今稱黃米，有黏、不黏之分。北方有叫「糜子」的，或即「稷」，似小米（粟）而略大。

④饔飧—朱熹：「以飲食饋客之禮。」

⑤去人倫無君子—朱熹云：「無君臣祭祀交際之禮，是去人倫；無百官有司，是無君子。」

⑥大貉、小貉、大桀、小桀—《公羊傳》〈宣公十五年〉云：「古者什一而籍。……什一者，天下之中正也。多乎什一，大桀、小桀；寡乎什一，大貉、小貉。」當本於《孟子》。

（四）毋以鄰為壑

白圭曰：「丹之治水①也，愈於禹。」

孟子曰：「子過矣！禹之治水，水之道也。是故禹以四海為壑。今吾子以鄰國為壑②。水逆行，謂之洚水③；洚水者，洪水也，仁人之所惡也。吾子過矣！」（告子

下、第十一章）

【譯文】白圭說。「我治理水患比大禹還強。」

孟子說：「你錯了。禹的治理水患，是順乎水的本性而行的，所以禹使水流注於四海。如今你卻把鄰近的國家作為受水的地方（危害了鄰國。）水逆流而行叫做『洚水』—洚水就是洪水—是有仁愛之心的人最厭惡的。你真的錯了。」

◎①丹之治水—《韓非子》〈喻老〉：「白圭之行隄也，塞其穴，是以無水難。」可見白圭的治水，在乎築堤防，所以孟子責他「以鄰為壑」。

②以鄰為壑—壑本為「溝壑」之「壑」，此則擴大其義。故朱熹云：「壑，受水處也。」譯文從之。

③洚—《廣韻》、《集韻》均讀「ㄏㄨㄥˊ」又音「ㄐㄤˋ」《六書故》「洚」、「洪」實一字，孟子時已誤讀為二字矣。」

九、斥滑稽亂俗者

（一）君子所為　衆人不識

淳于髡①曰：「先名實者，為人也；後名實者②，自為也。夫子在三卿③之中，名實未加於上下，而去之，仁者固如此乎？」

孟子曰：「居下位，不以賢事不肖者，伯夷也。五就湯，五就桀者，伊尹也。不惡汙君，不辭小官者，柳下惠也。三子者不同道，其趨一也。一者何也？曰；仁也。君子亦仁而已矣，何必同？（參看一一四頁）」

曰：「魯繆公之時，公儀子④為政，子柳⑤、子思為臣；魯之削也滋甚⑥，若是乎賢者之無益於國也！」

曰：「虞不用百里奚而亡，秦穆公用之而霸。不用賢則亡，削何可得與？」

曰：「昔者王豹⑦處於淇，而河西⑧善謳；緜駒處於高唐⑨，而齊右⑩善歌；華周、杞梁之妻，善哭其夫⑪，而變國俗。有諸內，必形諸外。為其事而無其功者，髡未嘗覩之也。是故無賢者也，有則髡必識之。」

曰：「孔子為魯司寇，不用；從而祭，燔肉不至⑫，不稅冕⑬而行：不知者以為為肉也；其知者，以為為無禮也。乃孔子則欲以微罪行⑭，不欲為苟去。君子之所為，眾人固不識也。」（告子下、第六章）

【譯文】淳于髡說：「重視名譽和功業是為著濟世救民，輕視名譽功業是為獨善其身。您為齊國三卿之一，對於上輔君王下濟世民的名譽都沒有建立，您就離開，仁人原來是這樣的嗎？」

孟子說：「處在卑賤的職位，不拿自己賢人的身分去服事不肖的人的，這是伯夷；五次往湯那裡去，又五次往桀那裡去的，這是伊尹；不討厭惡濁的君主，不拒絕微賤的職務的，這是柳下惠。三個人的行為不相同，但方向是一樣的。這一樣的是什麼呢？應該說，就是仁。君子要仁就行了，為什麼一定要相同呢？」

（淳于髡說）：「當魯繆公的時後，公儀子主持國政，泄柳和子思也都立於朝廷，魯國的削弱卻更厲害，賢人對國家的毫無好處竟是這樣的呀！」

孟子說：「虞國不用百里奚，因而滅亡；秦穆公用了百里奚，因而稱霸。不用賢人就會遭到滅亡，即使要勉強存在，都是辦不到的。」（此可與〈因先、用賢—乙〉參看本編第一八〇—一八六頁）

（淳于髡說）：「從前王豹住在淇水旁邊，河西的人都會唱歌；綿駒住在高塘，齊國西部地方都會唱歌；華周、杞梁的妻子痛哭他們的丈夫，因而改變了國家的風尚。裡面存在了什麼，一定會表現在外面。如果從事某種工作，卻見不到功績的，我不曾看過這樣的事。所以今天沒有賢人，如果有賢人，我一定會知道他。」

孟子說：「孔子做魯國的司寇的官，不被信任，跟隨著去祭祀，祭肉也不見送來，於是匆忙地離開。不知道孔子的人，以為他是為爭祭肉而去，知道孔子的人，以為他是為魯國失禮而去。至於孔子，卻是要自己背一點小罪名而走，不想隨便離開。君子的作為，一般人本來是不知道的。」

◎①淳于髡（ㄎㄨㄣ）—齊人，長不滿七尺，滑稽多辨，使諸侯，未嘗屈辱。仕於齊威王、宣王和梁惠王之朝。事跡散見於《戰國策》、《史記》〈孟荀列傳〉、〈滑稽列傳〉。

②先名實為人，後名實自為—朱熹：「名、聲譽也；實，事功也。言以名實為先而為之者，是有志於救民也；以名實為後而不為者，是欲獨善其身者也。」

③三卿—指上卿、亞卿、下卿而言。或曰，一卿是相，一卿是將，一卿是客卿，而上下本無定員。亦通。

④公儀子—當是公儀休。《史記》〈循吏傳〉：「公儀休者，魯博士也。以高第為魯

相。奉法循禮，無所變更。」

⑤子柳—泄柳也。

⑥魯之削也滋甚—按之《史記》〈六國年表〉，齊宣公及康公先後六次伐魯，僅平陸一役未得逞，事均當繆公之世。可為此語佐證。

⑦王豹—衛之善歌者，另據《左傳》〈哀公六年〉文，以為是齊人，可從。

⑧河西—齊在當時黃河之東，衛在其西。此河西實指衛境而言。

⑨緜駒處於高唐—緜駒、人名，或即淳于髡所謂之揖封，高塘即高商、均地名。

⑩齊右—高塘在齊之西。西在右〈以朝南論〉故曰齊右。

⑪華周杞梁之妻善哭其夫—《說苑》〈善說〉：「昔華周杞梁戰而死，其妻悲之，向城而哭，隅為之崩，城為之阤〈小崩〉」與《烈女傳》〈貞順〉所載略同。又趙歧：華周，華旋也；杞梁、杞植也。〈據《左傳》〈襄公二十三年〉齊襲莒事。〉

⑫燔肉不至—燔（ㄈㄢˊ）、亦作膰，即祭肉，又曰胙、脤、福肉、釐肉。古禮，宗廟社稷諸祭，必分賜祭肉與同姓之國以及有關諸人，表示同福祿。《史記》〈孔子世家〉云：「齊陳女樂，季桓子微服往觀，怠於政事。子路曰：「夫子可以行矣。」孔子曰：「魯今且郊，如致膰乎大夫，則吾可以止。」桓子受齊女樂，三日不聽政，郊，又不致膰俎於大夫，孔子遂行。

⑬不稅冕而行—稅，同脫。不稅冕言其怱忙，未必為真的如趙岐所言，「反歸其舍，未及稅解祭冕而行。」因為冕只用於祭祀，平常不戴。而致送祭肉，必在已祭之後，甚至在祭畢後之二三日，孔子祭畢反歸其舍，不能知道是不是會致送膰肉，怎麼會貿然離開呢？

⑭欲以微罪行—閻若璩《四書釋地續》：「蓋孔子為魯司寇，既不用其道，宜去一；燔俎又不到，宜去二。其去之之故，天下自知之。但孔子不欲其過失純在君相，己亦有罪焉。《禮》，『大夫士去國，不說人以無罪。』注云：『己雖遭放逐，不自以無罪解說於人，過則稱己也，』以膰肉不至遂行，無乃太甚。此之謂以微罪行。魯人為肉、為無禮之議論，正愜孔子微罪之心。」

（二一）天下溺　援之以手乎

淳于髡曰：「男女授受不親，禮與？」

孟子曰：「禮也。」

曰：「嫂溺，則援之以手乎？」

曰：「嫂溺不援，是豺狼也。男女授受不親，禮也。嫂溺援之以手者，權①也。」

曰：「今天下溺矣，夫子之不援，何也？」

曰：「天下溺，援之以道；嫂溺，援之以手。子欲手援天下乎？」（離婁上、第十七章）

【譯文】淳于髡問：「男女之間，不親手接東西，這是禮制嗎？」

孟子答道：「是禮制。」

髡說：「那麼，假如嫂嫂掉在水中〈會被淹死〉，用手去拉她嗎？」

孟子說「嫂嫂掉到水裡，不去拉她，這簡直是豺狼。男女之間不親手接東西，這是正常的禮制。嫂嫂掉在水裡，用手拉住她，這是通變的方法。」

髡說：「現在天下的人都掉在水裡了，您不去援救，又是什麼緣故呢？」

孟子說：「天下的人都掉在水裡了，是要用『道』去救援；嫂嫂掉到水裡了，用手去救援——您難道要我憑著一雙手就可以救援全天下的人嗎？」

◎①權——變通之意。

（三）禮與食　色與禮　孰重

任①人有問屋廬子②曰：「禮與食孰重？」

曰：「禮重。」

「色與禮孰重？」

曰：「禮重。」

曰：「以禮食，則飢而死；不以禮食，則得食，必以禮乎？親迎③，則不得妻；不親迎，則得妻，必親迎乎？」

屋廬子不能對，明日之鄒④以告孟子。

孟子曰：「於答是也，何有？不揣⑤其本，而齊其末，方寸之木可使高於岑樓⑥。金重於羽者，豈謂一鉤⑦金與一輿羽之謂哉？取食之重者與禮之輕者而比之，奚翅⑧食重？取色之重者與禮之輕者而比之，奚翅色重？往應之曰：紾⑨兄之臂而奪之食，則得食；不紾，則不得食，則將紾之乎？踰東家牆而摟⑩其處子，則得妻；不摟，則不得妻；則將摟之乎？」（告子下、第一章）

【譯文】有一位任國人問屋廬子道：「禮和食那樣重要？」

答道：「禮重要。」

問道：「如果按著禮節去找吃的，便會餓死；如果不按著禮節去找吃的，便會得到吃的，那一定要按著禮節行事嗎？如果按照親迎禮，便得不到妻子，如果不行親迎禮，便會得到妻子，那一定要行親迎禮嗎？」

屋廬子不能對答，第二天便去鄒國，把這話告訴孟子。

孟子說：「答覆這個有什麼困難呢？如果不揣度基地的高低是否一致，而比較其頂端，那一吋厚的木塊，〈若放在高處，〉可以使他比尖角高樓還高。我們說，金子比羽毛重，難道是說三錢多重的金子比一大車的羽毛還重嗎？拿吃的重要方面和禮的細節相較何只於吃的重要，拿婚姻的重要方面和禮的細節相比較，何止娶妻的重要？你這樣去答覆他吧：扭折哥哥的胳膊，搶奪他的食物，便得到吃的；不扭，便得不到吃的，那會去扭嗎？爬過東鄰的牆去摟抱女子，便得到妻室；不去摟抱，則得不著妻室，那會去摟抱嗎？」

◎①任—閻若璩〈釋地〉云：「任，國名，太皞之後，風姓。漢為任城縣，後漢為任城國，今濟寧州東任城廢縣是。」按當即今山東濟寧市。

②屋廬子—孟子弟子，名連，由告子下，第五章：「屋廬子喜曰，『連得間矣』知之」

③親迎—古代婚姻，新郎親迎新婦，自諸侯至于老百姓都如此。至于天子，《左傳》以為天子不親迎，《公羊傳》則云天子亦親迎，《禮經》又無明文，因之未有定論。

④鄒—在今日山東鄒縣東南二十六里，與故任國相距約百里，因之屋廬子可以明日即往。

⑤揣—《方言》云：「度高為揣。」《左傳》〈昭公二十三年〉云『揣高卑』。義同。

⑥岑樓—趙歧云：「岑樓，山之銳嶺者。」則讀「樓」為「塿」。朱熹云：「岑樓，樓之高銳似山者。則「樓」字如字讀之。按《說文》云：「山小而高。」《楚辭》王逸註云：「銳也。」則「岑」有高義，又有銳義，以山之高者其頂必銳也。故高而銳之鼎曰岑鼎。《呂氏春秋》〈審忌〉，即《韓非子》〈說林〉之「讒鼎」，高而銳之石曰岑石《楚辭》〈逢紛〉，則樓之高而銳者亦可曰岑樓。朱熹說較可從。

⑦一鉤金—孔廣森《經學卮言》云：「《晏子春秋》曰：『大帶重半鉤，舄履倍重。』鄭君說，『東萊稱大半兩為鉤。』然則帶鉤金半鉤，才重三分兩之一。」

⑧奚翅—「翅」同「啻」，只也，但也。

⑨紾—趙歧云：「戾也。」即今扭轉之意。

⑩摟—《說文》云：「摟，曳聚也。」趙歧云：「摟，牽也。」按孟子除此章「摟」

字外，又有「五霸者摟諸侯以伐諸侯者也」本編二三四頁。此章「摟」字宜訓「抱持」，「摟諸侯」的摟字宜訓「挾持」。

⑪處子——猶言「處女」。《詩》〈桃夭〉：「之子于歸，宜其室家」《論語》〈公冶長〉「以其子妻之」，諸「子」字俱指女子而言。

參、道性善〈哲學的〉

一、人異於禽獸

（一）君子存之

孟子曰：「人之所以異於禽獸者幾希，庶民去之，君子存之。舜明於庶物，察於人倫，由仁義行，非行仁義也。」（離婁下、第十九章）

【譯文】孟子說：「人和禽獸不同的地方只有那麼一點點，一般人們丟棄它，君子保存它。舜懂得事物的道理，了解人與人之間的關係，於是循著仁義之路而行，不是把仁義作為工具、手段來使用。

（二）異於野人

孟子曰：「舜之居深山之中，與木石居，與鹿豕遊，其所以異於深山之野人者幾希。及其聞一善言，見一善行，若決江河，沛然莫之能禦也。」〈盡心上、十六章〉

【譯文】孟子說：「舜住在深山的時候，與樹木、岩石住在一起，與鹿和豬一塊活動，跟深山中的一般人不同的地方極少；等到他聽到一句好的言語，看到一樁好的行為〈便採用推行，〉這種力量，好像江河決了口，嘩啦嘩啦地沒人阻止得住了。

二、人心之本然

（一）仁義禮智　我固有之

公都子①曰：「告子曰：『性無善無不善也。』或曰：『性可以為善，可以為不善②，是故，文武興，則民好善；幽厲興，則民好暴。』或曰：『有性善，有性不善

③。是故，以堯為君，而有象；以瞽瞍為父，而有舜；以紂為兄之子，且以為君，而有微子啟、王子比干。』今曰『性善』，然則彼皆非與？」

孟子曰：「乃若④其情，則可以為善矣，乃所謂善也。若夫為不善，非才⑤之罪也。惻隱之心，人皆有之；羞惡之心，人皆有之；恭敬之心，人皆有之；是非之心，人皆有之。惻隱之心，仁也；羞惡之心，義也；恭敬之心，禮也；是非之心，智也。仁、義、禮、智，非由外鑠⑥我也，我固有之也，弗思耳矣。故曰，求則得之，舍則失之。或相倍蓰而無算者，不能盡其才者也。《詩曰》：⑦『天生蒸民，有物有則。民之秉彝，好是懿德。』孔子曰：『為此詩者，其知道乎！』故有物必有則，民之秉彝也，故好是懿德。」（告子上、第六章）

【譯文】公都子說：「告子說：『本性沒有什麼善良，也沒有什麼不善良。』也有人說：『本性可以使它善良，也可以使它不善良；所以周文王武王在上，百姓便趨向善良；周幽王厲王在上，百姓便趨向橫暴。』也有人說『有些人本性善良，有些人本性就不善良；所以堯這樣的人為君，卻有象這樣不好的百姓；以瞽瞍這樣的父親，卻有舜這樣的好兒子；以紂這樣的姪兒，而且為君王，卻有微子啟、王子比干這樣的仁人。』如今老師說本性善良，那麼他們都錯了嗎？」

孟子說：「從天生的資質來看，可以使它善良，這便是我所謂的人性善良。至於有些人不善良，不能歸罪於他的資質。同情心，每個人都有；羞恥心，每個人都有；恭敬心，每個人都有；是非心，每個人都有。同情心屬於仁，羞恥心屬於義，恭敬心屬於禮，是非心屬於智。這仁義禮智，不是由外人給我的，是我本來就具有的，不過不曾探索它罷了。所以說：『一經探求，便會得到；一加放棄，便會失掉。』人與人之間有相差一倍、五倍甚至無數倍的，就是不能充分發揮他們的人性的本質的緣故。《詩經》說：『天生育眾民，每一樣事物，都有它的規律。百姓把握了那些不變的規律，於是乎喜愛優良的品德。』孔子說：『這篇詩的作者真懂的道理呀！有事物便有它的規律；百姓把握了這些不變的規律，所以喜愛優良的品德』」。

◎①公都子——孟子的弟子。

②或曰性可以為善，可以為不善——王充《論衡》〈本性〉：「周人世碩以為性有善有惡，舉人之善性養而致之則善長；惡性養而致之則惡長，故世子作《養性》一篇。宓子賤、漆雕開、公孫尼子之徒亦論性情，與世子相出入。」公都子此問即其說，《漢書藝文志》有〈世子〉二十一篇，原註云：「名碩，陳人，七十子之弟子。」

③或曰有性善有性不善——《漢書》〈古今人表序〉「孔子曰：『唯上智與下愚不

移。』《傳》曰：『譬如堯、舜，禹、稷、契與之為善，則行；鯀，讙兜欲與為惡，則誅。可與為善，不可與為惡，是謂上智。』桀、紂，龍逄、比干欲與之為善則誅；于莘、崇侯與之為惡則行。可與為惡，不可與為善，是謂下愚。」與此說相類似。

④乃若─轉語，相當於「若夫」「至於」諸詞。

⑤情、才─皆謂質性。戴震《孟子字義疏證》：「情猶素也，實也。」《說文》：「才，草木之初也。」草木之初曰才，人初生之性亦可曰才。

⑥鑠─授也。

⑦詩曰數句─見《詩》〈大雅、烝民〉。蒸民，詩作「烝民」。《毛傳》：蒸、眾，物、事，則、法，彝、常，懿、美。秉、執也。

(二)良能　良知　達之天下

孟子曰：「人之所不學而能者，其良能也；所不慮而知著，其良知也①。孩提之童②，無不知愛其親者；及其長也，無不知敬其兄也。親親，仁也；敬長，義也。無

他，達之天下也。」（盡心上、第十五章）

【譯文】孟子說：「人不待學習便能做到的，這是良能；不待思考便會知道的，這是良知。兩三歲的小孩沒有不愛他父母的，等到他長大，沒有不知道恭敬兄長的。親愛父母是仁，恭敬兄長是義，這沒有其他原因，因為這兩種品德可以通行於天下。」

◎①良能、良知—趙岐：「良、甚也。」則「良能」「良知」當譯者「所最愛的、所最知的。朱熹：「良者，本然之善也。」則「良能」可譯為「本能」。此孟子哲學術語，不譯為妥。」

②孩提之童—孩，小兒笑也。趙岐：「孩提，二、三歲之間在襁褓知孩笑可提抱者也。」

（三）人性之善　猶水之就下

告子曰：「性，猶湍水①也；決諸東方則東流，決諸西方則西流。人性之無分於善不善也，猶水之無分於東西也。」

孟子曰：「水信②無分於東西，無分於上下乎？」人性之善也，猶水之就下也；人無有不善，水無有不下。今夫水，搏而躍之，可使過顙；激而行之，可使在山。是豈水之性哉？其勢則然也。人之可使為不善，其性亦猶是也。」（告子上、第二章）

【譯文】告子說：「人性好比急流的水，從東方開了缺口便向東流，從西方開了缺口便向西流。人的沒有善不善的定性，正同水的沒有東流西流的定向相類似。」

孟子說：「水誠然有東流西流的定向，難道也沒有向上或向下的定向嗎？人性的善良，正好像水性的向下流。人沒有不善良的，水沒有不向下流的，然而，拍打水使它跳起來，可以高過額角；戽水使他倒流，可以引上高山。這難道是水的本性嗎？形勢使它如此。人可以使他做壞事，本性的改變也正像這樣。」

◎①湍水——〈ㄊㄨㄢ〉《說文》：「湍，急瀨〈ㄌㄞˋ〉也。」譯文從之。趙歧：「湍者，圜也。謂湍湍水也。」亦通。

②信——誠也。

三、聖人與我同

（一）心之所同 理也義也

孟子曰：「富歲子弟多賴①；凶歲子弟多暴。非天之降才爾殊也，其所以陷溺其心者然也。今夫麰麥②，播種而耰③之，其地同，樹之時又同；浡然而生，至於日至④之時，皆熟矣；雖有不同，則地有肥磽⑤，雨露之養，人事之不齊也。故凡同類者，舉相似也；何獨至於人而疑之？聖人與我同類者。故龍子⑥曰：『不知足而為屨，我知其不為簣也！』屨之相似，天下之足同也。口之於味，有同耆也，易牙⑦先得我口之所耆者也；如使口之於味也，其性與人殊⑧，若犬馬之與我不同類也。則天下何耆皆從易牙之於味也？至於味，天下期於易牙，是天下之口相似也。惟⑨耳亦然，至於聲，天下期於師曠⑩，是天下之耳相似也。惟目亦然，至於子都⑪，天下莫不知其姣也；不知子都之姣者，無目者也。故曰：口之於味也，有同耆焉；耳之於聲也，有同聽焉；目之於色也，有同美焉。至於心，獨無所同然乎？心之所同然者，何也？謂理也，義也。聖人先得我心之所同然耳。故理義之悅我心，猶芻豢⑫之悅我口。」（告子上、第七章）

【譯文】孟子說：「豐收年成，少年子弟多半懶惰；災荒年成，少年子弟多半強暴，不是天生的資質這樣不同，是由於環境使他們心情變壞的緣故。把大麥作比喻吧，耕了地，播了種，如果土地一樣，種植的時候一樣，便會蓬勃地生長，直到夏至，都會成熟了。縱有所不同，那便是由於土地的肥瘠，雨露的多少，人工的勤惰不同的緣故。所以一切同類之物，無不大體相同。為什麼一講到人類變壞便懷疑了呢？聖人也是我們的同類。龍子曾經說過：『不看清腳的樣子去編草鞋，我準知道不會編成筐子。』草鞋的相近是因為人的腳大體相同。口對於味道，有相同的嗜好；易牙早就摸準了這一嗜好。假使口對於味道，人人不同，而且像犬馬和我們人類本質上的不相同一樣，那麼憑什麼天下的人都追隨著易牙的口味呢？一講到口味，天下都期望做到易牙那樣，這就說明了天下人的味覺大體相同。耳朵也如此。一講到聲音，天下都期望做到師曠那樣，這就說明了天下人的聽覺大體相同。眼睛也如此。一講到子都，天下沒有人不知道他長得美。不認為子都長得美的，都是沒有眼睛的人。所以說，口對於味道，有相同的嗜好；耳對於聲音，有相同的聽覺，眼睛對於容色，有相同的美感。談到心，就獨獨沒有相同之處嗎？心的相同處是什麼呢？是理、是義。聖人早就懂得了我們內心相同的理義。所以理義之使我心高興，和豬狗牛羊肉合乎我的口味一樣。」

◎

①賴—今作懶。

②麰〈ㄇㄡˊ〉麥—即大麥。

③耰—〈ㄧㄡ〉《說文》作「櫌」。本為名詞，後作動詞用。摩田亦曰櫌。即今之耖〈抄〉田，耪〈ㄅㄤˇ〉地。耙鬆其土使土塊細也。以土覆種子亦用此器，亦須耙，故又叫「覆種」。

④日至—此指「夏至」，古或謂之「日長至」或「日南至」。

⑤磽—〈ㄑㄠ〉土地瘠薄。

⑥龍子—古賢人也。《尚書》〈大傳、甫刑〉有「子龍子」疑即此人。

⑦易牙—《左傳》〈僖公十七年〉云：「雍巫，雍人，名巫，即易牙。為齊桓公寵臣。

⑧與人殊—意謂人人不同。此宜云：「人與人殊」，原文蓋省一「人」字。

⑨惟—語首詞，無義。

⑩師曠—春秋晉樂師，字子野，能辨音以知吉凶。見《左傳》〈襄公十八年〉。

⑪子都—《詩》〈鄭風、山有扶蘇〉：「不見子都，乃見狂且（ㄐㄩ）。《毛傳》云：「子都，世之美好者也。」疑即鄭莊公時之公孫閼，其人字子都，又曾射殺穎考叔，而鄭莊公竟不欲置之典刑，其有寵可見。事詳《左傳》〈隱公十一年〉。

⑫芻豢—（ㄔㄨˊ ㄏㄨㄢˋ）草食曰芻，牛羊是也；穀食曰豢，犬豕是也。

（二）堯舜與人同

儲子①曰：「王使人瞯②夫子，果有以異於人乎？」

孟子曰：「何以異於人哉？堯、舜與人同耳。」（離婁下、第三十二章）

【譯文】儲子說：「王打發人來窺探您，您真有跟別人不同的地方嗎？」

孟子說：「有什麼不同於別人的地方呢？堯、舜也同一般人一樣呢。」

◎①儲子—齊人。《戰國策》〈齊燕策〉：「將軍市被、太子平謀，將攻子之。儲子謂齊閔宣王因而仆之，破燕必矣。」當即此人，時或為齊相。

②瞯—音（ㄐㄢˋ）或本作「矙」（ㄎㄢˋ），窺也。

四、性善之發揚

（甲）順性與擴充（積極的）

（一）盡心　知性　知天

孟子曰：「盡其心者，知其性也。知其性，則知天矣。存其心，養其性，所以事天也。殀壽不貳，修身以俟之，所以立命也。」（盡心上、第一章）

【譯文】孟子說：「充分擴張善良的本心，這就是懂得了人的本性。懂得了人的本性，就懂得天命了。保持人的本心，培養人的本性，這就是對待天命的方法。短命也好，長壽也好，我都不三心兩意，只是培養身心，等待天命，這就是安身立命的方法。」

（二）順其性　不加戕賊

告子曰：「性，猶杞柳①也；義，猶桮棬也②；以人性為仁義，猶以杞柳為桮棬。」

孟子曰：「子能順杞柳之性而以為桮棬乎？將戕賊杞柳而後以為桮棬也？如將戕賊杞柳而以為桮棬，則亦將戕賊人以為仁義與？率天下之人而禍仁義者，必子之言夫！」（告子上、第一章）

【譯文】告子說：「人的本牲好比柳樹，義理好比杯盤；把人的本性納於仁義，正好比用柳樹來制成杯盤。」

孟子說：「您還是順著柜柳樹的本性來製成杯盤呢？還是毀傷柜柳樹的本性來製成杯盤呢，如果要毀傷柜柳的本性，然後製成杯盤，那也要毀傷人的本性，然後納之於仁義嗎？（還是循順著柜柳、或人的本性才對呀！）率領天下的人來損害仁義的，一定是您這種學說吧！」

◎①杞柳—舊說都以為就是櫸樹，不能做為木材，僅可取其新枝條之長六七尺者供編物之用。如作杯盤，恐亦不能盛液體。疑而不能決，姑依舊說譯之。
②桮棬—「桮」同「杯」（《說文》只有「桮」字）。棬（ㄑㄩㄢ）。趙歧注以「桮棬」為「桮素」（桮盤之胎，未加工者。）註〈玉藻〉（《禮記》篇名）：「母沒而桮棬不能飲焉。」則以「桮棬」為盛羹、注酒及盥洗等器之通名。

(三) 充無害人之心

孟子曰：「人皆有所不忍，達之於其所忍，仁也。人皆有所不為，達之於其所為，義也。人能充無欲害人之心，而仁不可勝用也。人能充無穿窬之心，而義不可勝用也。人能充無受爾汝之實①，無所往而不為義也。士未可以言而言，是以言餂②之也；可以言而不言，是以不言餂之也。是皆穿窬之類也。」（盡心下、第三十一章）

【譯文】孟子說「每個人都有不忍心幹的事，把它擴充到所忍心幹的事上，便是仁；每個人都有不肯幹的事，把它擴充到所肯幹的事上，便是義。（換句話說，）人能夠把不想害人的心擴而充之，仁便使用不盡了；人能把不挖洞跳牆的心擴而充之，義便用不盡了；人能夠把不受輕賤的實際言行擴而充之，（以至所言所行都不會遭致輕賤，）那無論到那都合於義了。（怎樣叫做挖洞跳牆呢？譬如，）一個士人，不可以同他談論卻去同他談論，這是用言語來誘他以便自已取利；可以談論卻不去同他談論，這是用沉默來誘他以便自已取利，這些都是屬於挖洞跳牆這一類型的。」

◎①無受爾汝之實──「爾」「汝」為古代尊長對卑幼的對稱代詞，用之於平輩，便是對對方的輕視賤視。孟子之意，是：若要不受別人的輕賤，自已便先應有不受輕賤的言語行為。」

②餂──（ㄊㄧㄢˇ）方言作「餂」，「取也」。郭璞云：「謂挑取物也」。今之伸舌觸物，叫做「舔」，蓋由此而來。

（四）擴其四端而充之

孟子曰：「人皆有不忍人之心。先王有不忍人之心，斯有不忍人之政矣。以不忍人之心，行不忍人之政，治天下可運之掌上。所以謂人皆有不忍人之心者：今人乍①見孺子，將入於井，皆有怵惕惻隱②之心。非所以內交③於孺子之父母也，非所以要④譽於鄉黨朋友也，非惡其聲而然也。由是觀之；無惻隱之心，非人也；無羞惡之心，非人也；無辭讓之心，非人也；無是非之心，非人也。惻隱之心，仁之端⑤也；羞惡之心，義之端也；辭讓之心，禮之端也；是非之心，智之端也。人之有是四端也，猶其有四體也；有是四端而自謂不能者，自賊者也；謂其君不能者，賊其君者也。凡有四端於我⑥者，知皆擴而充之矣，若火之始然⑦，泉之始達。苟能充之，足以保⑧四海；苟不充之，不足以事父母。」（公孫丑上、第六章）

【譯文】孟子說：「每個人都有憐恤別人的心情。先王因為有憐恤別人的心情，這就有憐恤別人的政治了。憑著憐恤別人的心情來實施憐衄別人的政治，治理天下可以像轉運小物件於手掌上一樣的容易。我所以說每人都有憐恤別人的心情的，道理就在於：譬如現在有人突然地看到一個小孩要跌到井裡去了，任何人都會有驚駭同情的心情，這種心情的產生，不是為著要來和這小孩子的父母攀取交情，不是為著要在鄉里朋友中博取名譽，也不是厭惡那小孩的哭聲才如此的。從這裡看來，一個人，如果沒有同情之心，簡直不是個人；如果沒有羞恥之心，簡直不是個人；如果沒有辭讓之心，簡直不是個人；如果沒有是非之心，簡直不是個人。同情之心是仁的萌芽，羞恥之心是義的萌芽，辭讓之心是禮的萌芽，是非之心是智的萌芽。人的有這四種萌芽，正好比有手足四肢一樣，（是自然而然的。）有這四種萌芽卻自已認為不行的人，是自已殘害自已的人；認為他的君主不行的人，便是拋棄他君主的人。所以具有這四種萌芽的人，如果知道把它們擴充起來，便會像火燃燒，（終必成為巨燄；）泉剛剛流出（終匯為江河。）假若能夠擴充，便足以安定天下；假若不能擴充，（讓它消滅，）就連贍養父母都不行。」

◎

①乍─忽然。

②怵惕惻隱─怵（ㄔㄨˋ）、恐也，惕（ㄊㄧˋ）、懼也，惻、隱，皆痛也。「怵惕」驚懼之義，「惻隱」哀痛之義。都是同義複詞。

③內交─內、同「納」。「內交」即結交。

④要─（ㄧㄠ）求也。

⑤端─本作「耑」。說文：「耑」物初生之題（題猶額也、端也。）上象生形，下象其根也。」段玉裁注：「古發端字作此，今則「端」行而「耑」廢，乃多用「耑」為「專」矣。

⑥我—作「己」字用。
⑦然—「燃」之本字。《說文》：「然，燒也。」
⑧保—和「保民而王」的「保」字同義，定也。

（五）居仁由義

孟子曰：「自暴者①，不可與有言也；自棄者，不可與有為②也。言非③禮義，謂之自暴也；吾身不能居仁由義，謂之自棄也。仁，人之安宅也；義，人之正路也。曠安宅而弗居，舍正路而不由，哀哉！」（離婁上、第十章）

【譯文】孟子說：「自己殘害自己的人，不能和他談出有價值的言語；自己拋棄自己的人，不能和他做出有價值的事業。出言破壞禮義，這便叫做自己害自己；自己認為不能以仁居心，不能由義而行，這便叫做自己拋棄自己。仁是人類最安全的住宅；義是人類最正確的道路。把最安適的住宅空著不去住，把正確的道路捨棄不去走，可悲得很呀！」

◎①暴—猶害也。

②有言，有為—均應看做固定詞組。「有為」常見於《孟子》，亦作「有行」。「有為」「有行」是「有所作為」之意。「有言」應是「有善言」之意。

③非—此處作及物動詞，實是動詞的意動用法，「以為不是」之意。朱熹：「非、猶毀也。」

（乙）存養與理慾（消極的）

（一）苟得其養　無物不長

孟子曰：「牛山①之木嘗美矣。以其郊②於大國③也，斧斤伐之，可以為美乎？是其日夜之所息，雨露之所潤，非無萌蘖之生焉，牛羊又從而牧之④，是以若彼濯濯⑤也。人見其濯濯也，以為未嘗有材焉，此豈山之性也哉？雖存乎人者，豈無仁義之心哉？其所以放其良心者，亦猶斧斤之於木也。旦旦而伐之，可以為美乎？其日夜之所息，平旦之氣，其好惡與人相近也者幾希，則其旦晝⑥之所為，有梏亡之矣⑦。

梏之反覆，則其夜氣不足以存；夜氣不足以存，則其違禽獸不遠矣。人見其禽獸也，而以為未嘗有才焉者，是豈人之情也哉？故苟得其養，無物不長；苟失其養，無物不消。孔子曰：『操則存，舍則亡；出入無時，莫知其鄉⑧』惟心之謂與！」（告子上、第八章）

【譯文】孟子說：「牛山的樹木曾經是很茂盛的，因為它長在大都市的郊外，老用斧子去砍伐，還能夠茂盛嗎？當然，它日日夜夜在生長著，兩水露珠在潤澤著，不是沒有新枝嫩葉生長出來，但緊跟著又被人們牧羊牧牛（踐踏著、嚙食著，）所以變成那樣光禿禿了。大家看見那光禿禿的樣子，便以為這山不曾有過大樹木，這難道是山的本性嗎？在某些人身上，難道沒有仁義之心嗎？他之所以喪失他的善良之心，也正像斧子之對於樹木一般，每天每天地去砍伐它，能夠茂盛嗎？他在日裡夜裡發出來的善心，他在天剛亮時所接觸到的清明之氣，這些在他心裡所激發出來的好惡跟一般人相近的也有一點點。可是一到第二天白晝，所行所為又把它消滅了。反覆地消滅，那麼，他夜來心裡所發出的善念自然不能存在；夜來心裡所發出來的善念不能存在，便和禽獸相距不遠了。別人看到他簡直是禽獸，因之以為他不曾有過善良的資質，這難道也是這些人的本性嗎？所以假若得到的滋養，沒有東西不生長；失掉滋養，沒有東西不消亡。孔子說過：『抓住它，就存在；放棄它，就亡失；出出進進沒有一定時候，也不知道何去何從。』這是指人心而言的罷。」

◎①牛山—齊國在臨淄，牛山在今臨淄縣南十里。

②郊—此作動詞用，謂「居其郊」也。

③大國—謂臨淄不但為齊之首都，亦為當時最大都市之一。

④牛羊又從而牧之—此句為「又從而牧牛羊焉（之）」之變式。

⑤濯濯—無草木之貌。

⑥旦晝—焦循：「猶云明日」。

⑦有梏亡之矣—有，與「又」同。梏（ㄍㄨˋ）圈禁也。

⑧鄉—趙歧云：「鄉猶里，以喻居也。」焦循云：「近讀鄉為向」。兩說皆通，而後義較勝。

（二）養心莫善於寡欲

孟子曰：「養心莫善於寡欲。其為人也寡欲，雖有不存焉者寡矣；其為人也多欲，雖有存焉者寡矣。」（盡心下、第三十五章）

【譯文】孟子說：「修養心性的方法最好是減少物質的慾望。他的為人，慾望不多，那善性縱使有所喪失，也不會太多。他的為人，慾望很多，那善性縱使有所保存，也是極少的了。」

（三）從其大體為大人

公都子問曰：「鈞①是人也，或為大人，或為小人，何也？」

孟子曰：「從其大體為大人，從其小體為小人②。」

曰：「鈞是人也，或從其大體，或從其小體，何也？」

曰：「耳目之官不思，而蔽於物。物交物，則引之而已矣。心之官則思，思則得之③，不思則不得也。此④天之所與我⑤者。先立乎其大者，則其小者不能奪也。此為大人而已矣。」（告子上、第十五章）

【譯文】公都子問道：「同樣是人，有些是君子，有些是小人，什麼緣故？」

孟子答道：「求滿足身體重要器官的需要的是君子，求滿足身體次要器官的欲望的是小人。」

問道：「同樣是人，有人要求滿足重要器官的需要，有人要求滿足次要器官的欲望，又是什麼緣故？」

答道：「耳朵眼睛這類的器官不會思考，故易為外物所蒙蔽。（因此，耳目不過是一物罷了。）一與外物相接觸，便被引向迷途了。心這個器官職在思考，（人的善性）一思考便得著，不思考便得不著。這個器官是天特意給我們人類的。因此，這是重要器官，要先把它樹立起來，那麼，次要的器官便不能把這善性奪去了。這樣便成了君子了。」

◎①鈞─同「均」，同也。

②從其大體為大人，從其小體為小人─這兩句用意譯法，讀者不必拘泥于原文字句。

③思則得之─此「之」字何所指，古今注釋家都未能明確指出，宋元理學家竟以為指「理」而言。按之第六章本編第一四三頁：「求則得之，舍則失之」兩句，與此立意相同，彼處是指「我固有之」的「仁義禮智」的「才」而言，則此亦當同。

④此—朱熹云：「舊本多作『比』，而趙注亦以『比方』釋之。今本既多作『此』，作『比方』於義為短，故且從今本。」又王引之《經傳釋》詞訓「比」為「皆」，謂「耳目心思皆天之所與我者」，亦不可信。今仍作「此」，蓋指「心」而言。

⑤我—擴充用法，指人類。

(四)舜、蹠之分

孟子曰：「雞鳴而起，孳孳為善者，舜之徒也；雞鳴而起，孳孳為利者，蹠①之徒也。欲知舜與蹠之分，無他，利與善之間②也。」(盡心上、二十五章)

【譯文】孟子說：「雞叫便起來，努力行善的人，是舜一類人物；雞叫起來，努力求利(慾)的人，是蹠一類的人物。要知道舜和蹠的分別，沒有別的，利(慾)和善的不同罷了。」

◎①蹠—亦作「跖」（ㄓˋ）。相傳為柳下惠的弟弟，春秋時大盜，《莊子》有〈盜跖〉，說他「從卒九千人，橫行天下，侵暴諸侯，穴室樞戶，驅人牛馬，取人婦女」等等。

②間—（ㄐㄧㄢˋ）《論語》〈先進〉云：「人不間於父母昆弟之言。」朱熹以「異」字解之，異，不同也。

（五）舍生取義

孟子曰：「魚，我所欲也，熊掌亦我所欲也；二者不可得兼，舍魚而取熊掌者也。生亦我所欲也，義亦我所欲也；二者不可得兼，舍生而取義者也。生亦我所欲，所欲有甚於生者，故不為苟得也；死亦我所惡，所惡有甚於死者，故患有所不辟也。如使人之所欲莫甚於生，則凡可以得生者，何不用也？使人之所惡莫甚於死者，則凡可以辟患者，何不為也？由是則生而有不用也，由是則可以辟患而有不為也，是故所欲有甚於生者，所惡有甚於死者。非獨賢者有是心也，人皆有之，賢者能勿喪耳。一簞食，一豆①羹，得之則生，弗得則死，嘑爾而與之，行道之人弗受②；蹴爾而與之，乞人不屑也；萬鍾則不辯禮義而受之。萬鍾於我何加焉？為宮室之美、妻妾之奉、所識窮乏者得我與？鄉為身死而不受，今為宮室之美為之；鄉為身死而不受，今為妻妾之奉為之；鄉為身死而不受，今為所識窮乏者得我而為之，是亦不可以已乎？此之謂失其本心。」（告子上、第十章）

【譯文】孟子說：「魚是我所喜歡的，熊掌也是我所喜歡的；如果兩者不能並有，便犧牲魚，而要熊掌。生命是我所喜歡的，義也是我所喜歡的；如果兩者不能並有，便犧牲生命，而要義。生命本是我所喜歡的，但是還有比生命更為我所喜歡的，所以我不幹苟且偷生的事；死亡本是我所厭惡的，但是還有比死亡更為我所厭惡的，所以有的禍害我不躲避。如果人們所喜歡的沒有超過生命的，那麼，一切可以求得生存的方法，哪有不使用的呢？如果人們所厭惡的沒有超過死亡的，那麼，一切可以避免禍害的事情，哪有不幹的呢？（然而，有些人）由此而行，便可以得到生存，卻不去做；由此而行，便可以避免禍害，卻不去幹，由此可知有比生命值得喜歡的東西，也有比死亡令人厭惡的東西。這種心不僅僅賢人有，人人都有，不過賢人能夠保持它罷了。一筐飯，一碗湯，得著便活下去，得不著便死亡，呼喝著給與他，就是過路的餓人都不會接受；腳踏過再給與他，就是乞丐也不屑於要；（然而竟有人於）萬鍾的俸祿卻不問合於禮義與否，欣然接受了。萬鍾的俸祿對我有什麼好處呢？為著住宅的華麗、妻妾的侍奉，和我所認識的貧苦人感激我嗎？過去寧肯死亡而不接受的，今天卻為著住宅的華麗而接受了；過去寧肯死亡而不接受的，今天卻為著妻妾的侍奉而接受了；過去寧肯死亡而不接受的，今天卻為著我所認識的貧苦人的感激而接受了，這些不是可以罷手的麼？這便叫做喪失了他的本性。」

◎①豆—古代盛羹湯之具。

②嘑爾而與之，行道之人弗受—嘑，同「呼」。趙岐云：「嘑爾，猶呼爾，咄啐之貌也。」《禮記》〈檀弓〉有一段故事，情節相類，錄供參考。「齊大饑，黔敖為食於路以待餓者而食之。有餓者蒙袂輯屨貿貿然來。黔敖左奉食，右執飲，曰：「嗟！來食！」揚其目而視之，曰：『予唯不食嗟來之食以至於斯也。』從而謝焉，終不食而死。」

肆、倡仁政（政治的）

一、因先用賢

（甲）因先

（一）因先王之道

孟子曰：「離婁①之明，公輸子②之巧，不以規矩，不能成方圓。師曠③之聰，不以六律④，不能正五音⑤。堯、舜之道，不以仁政，不能平治天下。「今有仁心仁聞⑥，而民不被其澤，不可法於後世者，不行先王之道也。故曰：『徒善不足以為政，徒法不能以自行。』《詩》云：『不愆不忘，率由舊章⑦。』遵先王之法而過者，未之有也。聖人既竭目力焉，繼之以規矩準繩，以為方員平直，不可勝用也。

既竭耳力焉，繼之以六律正五音，不可勝用也。既竭心思焉，繼之以不忍人之政，而仁覆天下矣。故曰：『為高必因丘陵，為下必因川澤。』為政不因先王之道，可謂智乎？是以惟仁者宜在高位；不仁而在高位，是播其惡於眾也。上無道揆⑧也，下無法守也；朝不信道，工不信度⑨；君子犯義，小人犯刑：國之所存者，幸也。故曰：『城郭不完⑩，兵甲不多，非國之災也；田野不辟⑪，貨財不聚，非國之害也；上無禮，下無學，賊民興，喪無日矣。』《詩》曰：『天之方蹶，無然泄泄⑫。』泄泄，猶沓沓也。事君無義，進退無禮，言則非⑬先王之道者，猶沓沓也。故曰：『責難於君謂之恭，陳善閉邪⑭謂之敬，吾君不能謂之賊。』（離婁上、第一章）

【譯文】孟子說：「縱是有離婁的目力，公輸般的技巧，如果不用圓規和矩尺，也不能正確地畫出方形和圓形。就是有師曠省音的耳力，如果不用六律便不能校正五音。縱使有堯舜之道，如果不行仁政，也不能管理好天下。現在有些諸侯，雖有仁愛的心腸和仁愛的聲譽，但老百姓受不到他的恩澤，他的政治也不能成為後代的模範的，就是因為不去施行前代聖王之道的緣故。所以說，『光有好心，不足以治理政治；光有好法，好法自已也動作不起來；』（好心和好法必須配合而行。）《詩經》說過：『不要偏差，不要遺忘，一切依循傳統的規章。』

依循前代聖王的法度而犯錯誤的，是從來沒有過的事。聖人既已用盡了目力，又用圓規、矩尺、水準器、繩墨，來造作方的圓的平的、各種器具便使用不盡了；聖人既已用盡了耳力，又用六律來校正五音，各種音階也就運用無窮了；聖人既已用了腦力，又實行仁政，那麼仁德便遍蓋於天下了。所以說，『築高台一定要憑藉山陵，挖深池一定要憑藉沼澤』；如果管理政治不藉前代聖王之道，能說是聰明嗎？因此，只有仁人應該處於統治地位。不仁的人而處於統治地位，就會把他的罪惡傳播給群眾。在上的沒有道德規範，在下的沒有法律制度，朝廷不相信道義，工匠不相信尺度，官吏觸犯義理，百姓觸犯刑法，國家還能生存的，那真太僥倖了。所以說，城牆不堅固，軍備不充足，不是國家的災難；田野沒開闢，經濟不富裕，不是國家的禍害；如果在上的人沒有禮義，在下的人沒有教育，違法亂紀的人都起來了，國家的滅亡就快了。《詩經》上說，『上天正在動，不要這樣多言！』多言即嚕嗦，事君不義，進退無禮，說話便詆毀前代聖人之道，這樣就是『喋喋多言』。所以說，用仁政來要求君主才叫做『恭』；向君主講說仁義，堵塞異端，這才叫做『敬』。如果認為君主不能為善這便是『賊』。」

◎①離婁—《莊子》作離朱，相傳為黃帝時人，目力極強，能於百步之外望見秋毫之末。

②公輸子—名般（一作「班」，）魯國人，因之又叫「魯班。」大概生於魯定公或哀

公之時，年歲小於孔子，長於墨子。為中國古代的巧匠，曾為楚惠王製作雲梯，欲攻宋國，墨子止之。其人其事散見於《禮記》〈檀弓〉、《戰國策》、《墨子》諸書。

③師曠—晉平公的太師（樂官之長，）為中國古代極有名的音樂家。其事散見於《左傳》、《禮記》、《國語》及周秦諸子。

④六律—指陽律六而言，是太簇、姑洗、蕤賓、夷則、無射、黃鍾。相傳為黃帝時伶倫截竹為管，以管之長短分別音之清濁高下，樂器之音即依以為準則。分陰、陽各六，陽為律，陰為呂，合稱十二律。

⑤五音— 中國音階之名，即宮、相當於（do），商、相當於（re）、角、相當於（mi）、徵、（ㄓˇ）相當於（sol）、羽、相當於（la）。

⑥聞—（ㄨㄣˋ）聲譽也。

⑦不愆兩句，見《詩經》〈大雅、假樂〉。鄭玄箋：「愆，過。率，循也。周成王之令德，不過誤，不遺失，循用舊典之文章。」

⑧揆—度也。

⑨度—此恐非法度之「度」，宜讀為《韓非子》「寧信度，毋自信也。」之「度」，指尺碼而言。

⑩完—有堅牢之義。

⑪辟—同「闢」。

⑫天之方蹶兩句—見《詩經》〈大雅〉。《毛傳》云：「蹶、動也。」「泄泄—《說文》作「呭呭」，又作「詍詍」，皆云「多言也」。

⑬非—及物動詞動用法，「以為不是」之意。朱熹云：「非，詆毀也。」

⑭閉邪—阻塞邪端。趙歧、朱熹都解為閉君之邪心，可參考。

（二）師文王　可為政於天下

孟子曰：「天下有道，小德役大德①，小賢役大賢；天下無道，小役大，弱役強。斯二者，天也。順天者存，逆天者亡。齊景公曰：『既不能令，又不受命，是絕物也』。涕出而女於吳②。今也小國師大國而恥受命焉，是猶弟子而恥受命於先師也。如恥之，莫若師文王。師文王，大國五年，小國七年，必為政於天下矣。《詩》云③：『商之孫子，其麗④不億⑤。上帝既命，侯⑥于周服。侯服于周，天命靡常。殷士膚⑦敏，祼⑧將⑨于京⑩。』孔子曰：『仁不可為眾也⑪。夫國君好仁，天下無

敵。』今也欲無敵於天下而不以仁，是猶執熱而不以濯也。《詩》云：『誰能執熱，逝不以濯⑫？』」——（離婁上、第七章）

【譯文】孟子說：「政治清明的時候，道德不高的人為道德高的人所役使，不太賢能的人為非常賢能的人所役使；政治黑暗的時候，力量小的為力量大的所役使，弱的為強的所役使。這兩種情況，都是由天決定的。順從天的、生存，違背天的、滅亡。齊景公曾經說過：『既然不能命令別人，又不接受別人的命令，只是絕路一條。』因此流著眼淚把女兒嫁到吳國去。如今弱小國家以強大國家為師，卻以接受命令為恥，這好比學生以接受老師的命令為恥一樣。如果真以為恥，最好以文王為師。以文王為師，強大國家只需要五年，較小國家也只需要七年，一定可以得到天下的政治權力。《詩經》說過：『商代的子孫，數目何止十萬。上帝既已授命于文王，他們便都為周朝的臣下。他們都為周朝的臣下，可見天意沒有一定。殷代的臣子也都漂亮聰明，執行灌酒的禮節助祭於周京。』孔子也說過：『仁德的力量，是不能拿人多人少來計算的。君主如果愛好仁，天下就不會有敵手。』如今一些諸侯想要天下沒有敵手，卻又不行仁政，這好比苦熱的人不肯洗澡一樣。《詩經》說過：「誰能不以炎熱為苦，卻不去沐浴？」

◎①小德役大德—即「小德役於大德」之意，「於」字省略。下三句同。

②涕出而女於吳—女，去聲（ㄋㄩˋ），嫁的意思。《說苑》〈權謀篇〉云：「齊景公以其子妻闔廬，送諸郊，泣曰：『余死不汝見矣。』高夢子曰：『齊負海而縣山，縱不能全收天下，誰干我？君愛則勿行。』公曰：『余有齊國之固，不能以令諸侯，又不能聽，是生亂也。寡人聞之，不能令，則莫若從。』遂遣之。」

③《詩》云—詩見《大雅》〈文王〉。

④麗—《毛傳》云：「數也。」

⑤億—朱駿聲《說文通訓定聲》云：「《楚語註》『十萬曰億』，此古數也；今人乃以萬萬為億。」

⑥侯—語詞，無義。

⑦膚—《毛傳》云：「膚，美也。」

⑧祼—亦作「灌」，古代祭祀中的一種儀節，把鬱鬯之酒倒在地上以迎接鬼神。

⑨將—朱熹云：「助也。」

⑩京—周朝都會鎬京。遺址屬今陝西長安市。

⑪仁不可為眾也—此句只能以意會，不便於逐字譯出。《詩》〈文王〉〈毛傳〉也說過：「盛德不可為眾也。」鄭玄則說：「言眾之不如德也。」譯文本此。趙岐和朱

熹似俱未得其解。

⑫誰能執熱，逝不以濯—見《詩經》〈大雅、桑柔〉。逝，語詞，無義。段玉裁《經韻樓集、詩執熱解》云：「尋詩意，執熱猶觸熱苦熱，濯謂浴也。濯訓滌，沐以濯髮，浴以濯身，洗以濯足，皆得云濯。此詩謂誰能苦熱而不澡浴以潔其體，以求涼快者乎？鄭箋、《孟子》趙注、朱注、《左傳》杜注、皆云「濯其手」，轉使義晦，由泥於「執」字耳。」

(三) 周公思兼三王 施四事

孟子曰：「禹惡旨酒而好善言。湯執中，立賢無方①，文王視民如傷，望道而②未之見。武王不泄邇，不忘遠③。周公思兼三王，以施四事④；其有不合者，仰而思之，夜以繼日；幸而得之，坐以待旦。」（離婁下、第二十章）

【譯文】孟子說：「禹不喜歡美酒，卻喜歡有價值的話。湯堅持中正之道，舉拔賢才卻不拘泥於一定的常規。文王看待百姓好像他們受了傷害一樣，（只加慰撫，不加侵擾；）追求真理又似乎未曾見到一樣，（毫不自滿，努力不懈。）武王不輕侮在朝廷中的近臣，不遺忘散在四方的遠臣。周公想要兼學夏、商、周三代的君王，來實踐禹、湯、文、武所推行的事業；如果有不合於當時情況的，仰著頭來思考，白天想不好，夜裡接著想；幸而想通了，便坐著等待天明（馬上付諸施行。）」

◎①無方—焦循：「惟賢則立，而無常法。申『執中』之有權（權宜）。」
②而—朱熹：「而，讀為『如』」。
③不泄邇不忘遠—趙岐：「泄、狎；邇、近也；不泄狎近賢，不遺忘遠善；近謂朝臣，遠謂諸侯也。」
④三王、四事—（如譯文）

(四) 禹、稷、顏回同道

禹、稷當平世，三過其門而不入①，孔子賢之。顏子當亂世，居於陋巷，一簞食，一瓢飲；人不堪其憂，顏子不改其樂，孔子賢之②。　孟子曰：「禹、稷、顏回同道。禹思天下有溺者，由己溺之也；稷思天下有飢者，由己飢之也，是以如是其急也。禹、稷、顏子易地則皆然。今有同室之人鬭者，救之，雖被髮纓冠③而救之，可也；鄉鄰有鬭者，被髮纓冠而往救之，則惑也；雖閉戶可也。」（離婁下、第二十九章）

【譯文】禹、稷處於政治清明的時代，三次經過自己家門都不進去，孔子稱贊他們。顏子處於政治昏亂的時代，住在狹窄的巷子裏，一筐飯，一瓢水，別人都受不了那種苦生活，他卻自得其樂，孔子也稱贊他。 孟子說：「禹、稷和顏回（處世的態度雖有所不同，）道理卻一樣。禹以為天下的人有遭淹沒的，好像自己使他淹沒了一樣；稷以為天下的人有挨餓的，好像自己使他挨餓一樣，所以他們拯救百姓才這樣急迫。禹、稷和顏子如果互相交換地位，顏子也會三過家門不進去，禹、稷也會自得其樂。假定有同屋的人互相鬭毆，我去救他，縱是披著頭髮頂著帽子，連帽帶子也不結去救他都可以。（禹、稷的行為正好比這樣。）如果本地方的鄰人在鬭毆，也披著頭髮不結好帽帶子去救，那就是糊塗了，縱使把門關著都可以的。（顏回的行為正好比這樣。）」

◎①禹稷當平世，三過其門而不入─楊樹達《漢語文言修辭學》〈私名連及例〉云：「三過不入，本禹事而亦稱稷。」

②顏子當亂世等句─《論語》〈雍也〉：「子曰：賢哉，回也！一簞食，一瓢飲，在陋巷，人不堪其憂，回也不改其樂，賢哉，回也！」

③被髮纓冠─朱熹云：「不暇束髮，而結纓往救，言急也，以喻禹、稷。」

（五）先聖後聖　其揆一也

孟子：曰：「舜生於諸馮，遷於負夏，卒於鳴條①；東夷之人也。文王生於岐周②，卒於畢郢③；西夷之人也。地之相去也，千有餘里；世之相後也，千有餘歲；得志行乎中國，若合符節。先聖後聖，其揆一也。」（離婁下、第一章）

【譯文】孟子說：「舜生於諸馮，遷居到負夏，死於鳴條，則是東方人。文王生於岐周，死於畢郢，則是西方人。兩地相隔一千多里，時代相距一千多年，得意時在中國所做所為，幾乎一模一樣，古代的聖人和後代的聖人，他們的道路是相同的。」

◎①諸馮、負夏、鳴條—舜是傳說中的人物，此三處地名更無法確指。依《孟子》文意，當在東方，諸馮，傳說在今山東荷澤縣南五十里。鳴條則未必是〈書序〉：「遂與桀戰於鳴條之野。」的鳴條。
②岐周—周為周代之國名。岐即今之岐山，（今陝西岐山縣北。）
③畢郢—畢郢即《呂氏春秋》〈具備〉：「武王嘗窮於畢程」之畢程。今陝西咸陽縣東二十一里。

（乙）用賢

（一）信任仁賢

孟子曰：「不信仁賢，則國空虛①；無禮義，則上下亂；無政事，則財用不足。」（盡心下、第十二章）

【譯文】孟子說：「不信任仁德賢能的人，那國家就會空虛，國力不強；沒有仁賢在位，便會使得全國沒有禮義，上下的關係混亂；沒有仁賢在位，便沒有好的政治，國家的用度就會不夠。」

◎①空虛—實際意義是什麼，很難揣測。朱熹云：「空虛、言若無人然。」錄供參考。

（二）好善　優於治天下

魯欲使樂正子①為政。孟子曰：「吾聞之，喜而不寐。」

公孫丑曰：「樂正子強乎？」

曰：「否。」

「有知慮乎？」

曰：「否。」

「多聞識乎？」

曰：「否。」

「然則奚為喜而不寐？」

曰：「其為人也好善②。」

「好善足乎？」

曰：「好善優於天下③，而況魯國乎？夫苟好善，則四海之內將輕④千里而來告之以善；夫苟不好善，則人將曰：『訑訑⑤，予既⑥已知之矣。』，訑訑之聲音顏色距⑦人於千里之外。士止於千里之外，則讒諂面腴之人⑧至矣。與讒諂面腴之人居，國欲治，可得乎？」（告子下、第十三章）

【譯文】魯國打算用樂正子治理國政。孟子說：「我聽到這一消息，高興得睡不著。」

公孫丑說：「樂正子很強嗎？」

答道。「不。」

（問：）「見多識廣」嗎？

（答：）「不。」

（問：）那你為什麼高興得睡不著呢？）

（答：）「他的為人喜歡聽取善言。」

（公孫丑問：）「喜歡聽取善言就夠了嗎？」

（孟子答道）：「喜歡聽善言，用這個來治理天下，都是能夠應付裕餘的，何況僅僅治理魯國呢？假如喜歡聽取善言，那四處的人都會從千里之外，趕來把善言告訴他；假如不喜歡聽取善言，那別人會（模仿他的話）說，『呵呵！我都早已知道了！』呵呵的聲音面色會把別人拒絕於千里之外了。士人在千里之外停止不來，那進諂媚讒言當面奉承的人就會來了。同進讒諂媚當面奉承的人處在一起，要把國家治理好，做得到嗎？」

◎①樂正子—趙岐：「樂正克也。」此人當是孟子學生。

②好善—趙岐：「樂聞善言，是採用之也。」

③優於天下—優於治天下之意。

④輕—朱熹：「易也。言不以千里為難也。」

⑤訑訑—（ㄧˊ）趙岐：「自足其智不嗜善言之貌。」

⑥既—盡也。

⑦距—同「拒」。

⑧面諛之人—說小話是讒。諂是諂媚。諛是揣度別人心意說奉承話。

（二）賢人治國　如玉人琢玉

孟子見齊宣王曰：「為巨室①，則必使工師②求大木。工師得大木，則王喜，以為能勝其任也。匠人斲③而小之，則王怒，以為不勝其任矣。夫人幼而學之，壯而欲行之；王曰：『姑舍女所學而從我。』則何如？今有璞玉④於此，雖萬鎰⑤，必使玉人彫琢之。至於治國家，則曰『姑舍女所學而從我。』則何以異於教玉人彫琢玉哉？」（梁惠王下、第九章）

【譯文】孟子謁見齊宣王，說道：「建築一棟大房子，那一定要派工師去尋求大的木料。工師得到大木料，王就高興，認為他能夠盡到他的責任。如果工匠把那木料砍小了，王就會發怒，認為擔負不了他的責任。（可見專門技術是很重要的。）有些人，從小就學習一門專業，長大了便想運用實行，可是王卻對他說：『把你所學的暫時放下，聽從我的話吧！』這又怎麼行呢？假定王有一塊未經雕琢的玉石，雖然它價值很高，也一定要請玉匠來雕琢它。可是一說到治理國家，你卻（對政治家）說：『把你所學的暫時放下，聽從我的話吧！』這跟您要讓玉匠照著你的辦法雕琢玉石，又有什麼兩樣呢？」

◎①巨室—古代室和宮有時意義相同，都是房屋的意思。《呂氏春秋》〈驕恣〉：「齊王為大室，大益百畝，堂上三百戶。以齊之大，三年而未能成。」孟子這一段話，可以說是用眼前的事實作比喻。

②工師—古代官名，為各種工匠的主管官。

③斲—（ㄓㄨㄛˊ）砍削。

④璞玉—玉之在石中者。

⑤萬鎰—二十兩為一鎰，萬鎰言其貴重，不是言其眾多。焦循依趙岐說，不正確。

（四）好善忘勢　以臣賢士

孟子曰：「古之賢王，好善而忘勢；古之賢士，何獨不然？樂其道而忘人之勢。故王公不致敬盡禮，則不得亟①見之；見且由不得亟，而況得而臣之乎？」（盡心上、第八章）

【譯文】孟子說：「古代的賢君樂於善言善行，因而忘記自已的富貴權勢；古代的賢士何嘗不是這樣？樂於走他自已的道路，因而也忘記了別人的富貴權勢。所以王公不對他恭敬盡禮，就不能夠多次地和他相見。相見的次數尚且不夠多，何況要他作為臣下呢？

◎①亟—（ㄑㄧˋ）屢屢，多次。

（五）貴貴　尊賢

萬章問曰：「敢問友。」

孟子曰：「不挾長，不挾貴，不挾兄弟①而友。友也者，友其德也，不可以有挾也。孟獻子，百乘之家也，有友五人②焉：樂正裘，牧仲，③其三人，則予忘之矣。獻子之與此五人者友也，無獻子之家者也。此五人者，亦有獻子之家，則不與之友矣。非惟百乘之家為然也，雖小國之君亦有之。費④惠公曰『吾於子思，則師之矣；吾於顏般⑤，則友之矣；王順、長息⑥則事我者也』。非惟小國之君為然也，雖大國之君亦有之。晉平公之於亥唐⑦也，入云則入，坐云則坐，食云⑧則食；雖蔬食⑨菜羹，未嘗不飽，蓋不敢不飽也。然終於此而已矣。弗與共天位也，弗與治天職也，弗與食天祿也，士之尊賢者也，非王公之尊賢也。舜尚⑩見帝，帝館甥⑪于貳室⑫，亦饗舜，迭為賓主，是天子而友匹夫也。用⑬下敬上，謂之貴貴；用上敬下，謂之尊賢。貴貴尊賢，其義一也。」（萬章下、第三章）

【譯文】萬章問道：「請問交朋友的原則。」

孟子答道。「不倚仗自己年紀大，不倚仗自己地位高，不倚仗自己兄弟的富貴。交朋友，因為朋友的品德而去交他，因此心目中不能存在任何有所倚仗的觀念。孟獻子是位具有一百輛車馬的大夫，他有五位朋友，樂正裘、牧仲，其餘三位，我忘記了。獻子同這五位相交，自已心目中並不存有自已是大夫的觀念。這五位，如果也存在著獻子是位大夫的觀念，也就不會同他交友了。不僅具有一百輛車馬的大夫是如此的，縱使小國的君主也有朋友。費惠公說，『我對於子思，則以為老師；對於顏般，則以為朋友；至於王順和長息，那不過是替我工作的人罷了。』不僅小國的君主是如此，縱使大國之君也有朋友。晉平公的對於亥唐，亥唐叫他進去，便進去；叫他坐，便坐；叫他吃飯，便吃飯。縱使糙米飯、小菜湯，不曾不飽，因為不敢不飽。然而晉平公也只是做到這一點罷了。不同他一起共有官位，不同他一起治理政事，不同他一起享受俸祿，這只是一般士人尊敬賢者的態度，不是王公尊敬賢者所應有態度。舜謁見堯，堯請他這位女婿住在另一處官邸中，也請他吃飯，（舜有時也作東道）互為客人和主人，這是以天子的高位同老百姓交友的範例。以職位卑下的人尊敬高貴的人，叫做尊重貴人；以高貴的人尊敬職位卑下的人，叫做尊敬賢者。尊重貴人和尊敬賢者，道理是相同的。」

◎①挾兄弟—江永《群經補義》云：「古人以婚姻為兄弟，如張子之於二程，程允夫之於朱子，皆有中表之親，既為友亦有師道，不可謂我與彼為姻親，有疑不肯下問也。『挾兄弟而問』與『挾故而問』相似。俗解謂不挾兄弟多人而友。兄弟多人，有何可挾乎？須辨別之」。趙佑《四書溫故錄》云：「兄弟，等夷之稱。必其人之與己等夷而後友之，則不肯與勝己處，不能不恥下問矣。兄弟有富貴者，則仍挾貴意耳。」以上兩說，與趙岐異，錄之以供參考。

②孟獻子有友五人—孟獻子，魯國大夫仲孫蔑，卒於魯襄公十九年。焦循云：「《國語》〈晉語〉，『趙簡子曰，魯孟獻子有 臣五人。『注云：臣，扞難之士』。未知即此五人否？

③樂正裘，牧仲—《漢書》〈古今人表〉以此兩人與孟獻子俱列於第四等。

④費—小國名。

⑤顏般—般（ㄅㄢ），《漢書》〈古今人表〉作顏敢，「敢」、「般」形近而誤。

⑥王順、長息—長息、公明高弟子。公明高、曾子弟子。王順，《漢書》〈古今人表〉作王慎。費惠公、顏敢、王慎、長息同列第四等。

⑦亥唐—《太平御覽》引皇甫謐《高士傳》云：「亥唐者，晉人也。晉平公時，朝多賢臣，祁奚、趙武、師曠、叔向皆為卿大夫，名顯諸侯。唐獨不官，隱於窮巷。平公聞其賢，致禮與相見而請事焉。平公待於門，唐曰入，公乃入；唐曰坐，公乃坐，唐曰食，公乃食。唐之食公也，雖蔬食菜羹，公不敢不飽。」此蓋本《孟子》而演繹為之，未必另有所據也。

⑧入云、坐云、食云—「云入」、「云坐」、「云食」之倒文。

⑨蔬食—趙岐云：「糲食也。「蔬」同「疏」。

⑩尚—同「上」。以匹夫而晉謁天子，故云「上」。

⑪甥—趙岐云：「禮，謂妻父曰外舅，謂我舅者，吾謂之甥。」

⑫貳室—趙岐云：「副宮也。」

⑬用—以也。

二、義利之辨

（一）何必曰利

孟子見梁惠王①。王曰：「叟②！不遠千里而來，亦③將有以利吾國乎？」

孟子對曰：「王何必曰利？亦有仁義而已矣！王曰：『何以利吾國』，大夫曰：『何以利吾家，』士、庶人曰：『何以利吾身』：上下交征④利，而國危矣！萬乘之國，弒⑤其君者，必千乘之家；千乘之國⑥，弒其君者，必百乘之家⑦。萬取千焉；千取百焉；不為不多矣！苟為後義而先利，不奪不饜⑧。未有仁而遺其親者也；未有義而後其君者也。王亦曰仁義而已矣！何必曰利？」（梁惠王上、第一章）

【譯文】孟子謁見梁惠王。惠王說「老先生！您不辭千里長途的辛勞前來，那會對我的國家有很大的利益吧！」

孟子答道：「王！您為什麼一開口定要說到利呢？只要講仁義就行了。王假若說，『怎樣對我的國家有利！』大夫也說，『怎樣對我的封地有利！』那一般士人以至老姓也都說，『怎樣對我本人有利！』這樣，上上下下互相追逐私利，國家便會發生危險了。在擁有一萬輛兵車的國家裡，殺掉那個國君的，一定是擁有一千輛兵車的大夫；在擁有一千輛兵車的國家裡，殺掉那個國君的，一定是擁有一百輛兵車的大夫。在一萬輛兵車的國家中，大夫擁有兵車一千輛。在一千輛兵車的國家中，大夫擁有兵車一百輛；這些大夫的產業，不能說是很多的了。但是，假若輕公義，重私利，那大夫若不把國君的產業奪去，是永遠不會滿足的。從來沒有講「仁」的人卻遺棄他的父母的，也沒有講「義」的人卻對他的君主怠慢的。王也只有講仁義就行了，為什麼一定要說到利益呢？」

◎①梁惠王—就是魏惠王，名罃，惠是他的諡號。於公元前三七〇年即位，九年後（由舊都安邑）遷都大梁，今之開封，所以又叫梁惠王。他在即位二十多年之內，在戰國中最為強大，因之第一個自封為王。（楚國自封為王在春秋時，又當別論。）

②叟—老丈。

③亦—祇也。

④征—趙岐：取也。

⑤弒—古時候以下殺上，以卑殺尊叫弒。

⑥萬乘、千乘之國—乘（ㄕㄥˋ）。古代的兵車一輛叫一乘。以兵車多少來衡量國家的大小。劉向《戰國策》序說戰國晚世「萬乘之國七（韓、趙、魏（梁）、燕、齊、

楚、秦）千乘之國五（宋、衛、中山及東周、西周）

⑦千乘百乘之家—古代執政大夫有一定的封地，又叫采邑、采地。擁有封邑的大夫叫家。有封邑當然有兵車。公卿的封邑大，有兵車千乘；大夫的封邑小，有兵車百乘。

⑧饜—（ㄧㄢ）滿足。

（二）懷仁義以相接

宋牼①將之楚，孟子遇於石丘②。曰：「先生③將何之！」

曰：「吾聞秦、楚構兵④，我將見楚王，說而罷之；楚王不悅，我將見秦王，說而罷之。二王我將有所遇焉。」

曰：「軻也，請無問其詳，願聞其指。說之將何如？」

曰：「我將言其不利也。」

曰：「先生之志則大矣⑤，先生之號⑥則不可。先生以利說秦、楚之王，秦楚之王悅於利，以罷三軍之師，是三軍之士樂罷而悅於利也。為人臣者，懷利以事其君；為人子者，懷利以事其父；為人弟者，懷利以事其兄；是君臣、父子、兄弟，終⑦去仁義，懷利以相接；然而不亡者，未之有也。先生以仁義說秦、楚之王，秦、楚之王悅於仁義，而罷三軍之師；是三軍之士樂罷而悅於仁義也。為人臣者，懷仁義以事其君；為人子者，懷仁義以事其父；為人弟者，懷仁義以事其兄；是君臣、父子、兄弟去利，懷仁義以相接也；然而不王者，未之有也。何必曰利？」（告子下、第四章）

【譯文】宋牼到楚國去，孟子在石丘地方碰到了他，孟子問道：「先生準備往那裡去？」

答道：「我聽說秦楚兩國交兵作戰，我打算去謁見楚王，向他進言，勸他罷兵，如果楚王不聽，我打算去謁見秦王，向他進言，勸他罷兵。在兩個國王中，我總會有所遇合。」

孟子說：「我不想問得太詳細，只想要知到你的大意，你將怎樣去進言呢？」

答道：「我打算說，交兵是不利的。」

孟子說：「先生的志向是很好的，可是先生所提的說法卻不行。先生用利來向秦王、楚王進言，秦王、楚王因為有利而高興，於是停止軍事行動，這就將使軍隊的官兵樂於罷兵，因之喜悅利。做臣屬的抱著利的觀念而服事君主，做兒子的懷著利的觀念來服事父親，做弟弟的懷抱著利的觀念來服事哥哥，這就會使君臣之間、父子之間、兄弟之間都完全去掉仁義，懷抱著利的觀念來互相對待，如此而國家不滅亡的，是沒有的事情。若是先生用仁義來向秦王、楚王進言，秦王、楚王因仁義而高興，於是停止軍事行動，這就使軍隊的官兵樂於罷兵，因之喜悅仁義。做臣屬的抱著仁義來服事君主，做兒子的懷著仁義來服事父親，做弟弟的懷抱著仁義來服事哥哥，這就會使君臣之間、父子之間、兄弟之間都去掉利的觀念，懷抱著仁義的觀念來互相對待，如此而國家不以德政統一天下的，也是沒有的事。為什麼一定要說到『利』呢？」

◎①宋牼（ㄎㄥ）—宋人。《莊子》、《荀子》作宋鈃，《韓非子》作宋榮，〈逍遙遊〉亦作宋榮，為戰國一有名學者。其主張大指為寡欲，見侮不以為辱，以救民之互鬥；禁攻寢兵，以救當時之攻戰；破除主觀成見（別囿），以識萬物之真相。

②石丘—偽孫奭《疏》以為宋國地名。《一統志》以為在今河南舊衛輝府，未必有據。

③先生—焦循云：「《禮記》〈曲禮〉云：『從於先生。』注云：先生，老人教學者。」《戰國策》〈衛策〉云：『乃見梧下先生』注云：『先生，長者有德者稱』

〈齊策〉云：『孟嘗君讌坐，謂三先生。』注：『長老先已以生者也。』輕年長於孟子，故孟子以先生稱之而自稱名。」但某氏云：「今按其時孟子年已七十（說詳下條），而輕欲歷說秦楚，意氣猶健，年未能長於孟子。『先生』自是稷下學士先輩之通稱，孟子亦深敬其人，故，遂自謙而稱名。

④秦楚構兵—張宗泰《孟子諸國年表》說：「當孟子時，齊楚所共爭者惟魏，若楚雖近秦，時方強盛，秦尚未敢與爭。惟梁惠王元年癸卯，有楚與五國共擊秦不勝之事，而獨與秦戰，則在懷王十七年。孟子是年因燕人畔去齊，疑孟子或有事於宋，而自宋之薛，因與宋輕遇於石丘。」若孟子生於周安王之十三年與二十年間（約公元前（三八九年稍後，）則至楚懷王十七年（公元前三百一十二年），年已踰七十了。

⑤大—《易》繫辭「莫大乎蓍龜」《漢書》〈藝文志〉，引作莫善乎蓍龜，可見「大」有「善」義，此亦當作「善」字解。

⑥號—所提的說法。

⑦終—盡也。

三、貴王抑霸

（甲）王霸之別

（一）仁以保四海

孟子曰：「三代之得天下也以仁，其失天下也以不仁。國之所以興廢存亡者亦然。天子不仁，不保四海；諸侯不仁，不保社稷；卿、大夫不仁，不保宗廟①；士、庶人不仁，不保四體。今惡②死亡而樂不仁，是猶惡醉而強③之酒。」（離婁上、第三章）

【譯文】孟子說：「夏、商、周三代的獲得天下是由於仁（王道），他的喪失天下是由於不仁（霸）。國家的興起和衰敗，生存和滅亡也是這個道理。天子如果不仁，便不能保有他的天下；諸侯如果不仁，便不能保持他的國家；卿大夫如果不仁，便不能保持他的祖廟；士人和老百姓如果不仁，便不能保全自已的身家。現在有些人害怕死亡，卻樂於不仁，這好比害怕醉卻偏要喝酒一樣。」

◎①宗廟—卿大夫有采邑，然後有宗廟。此宗廟實指采邑而言。
②惡—（ㄨˋ）厭惡
③強—（ㄑㄧㄤˇ）勉強。

（二）行王政　齊楚何懼

萬章問曰：「宋，小國也，今將行王政①，齊、楚惡而伐之，則如之何？」

孟子曰：「湯居亳②，與葛③為鄰。葛伯放④而不祀。湯使人問之曰：『何為不祀？』曰：『無以供犧牲也。』湯使遺之牛羊；葛伯食之，又不以祀。湯又使人問之曰：『何為不祀？』曰：『無以供粢盛也。』湯使亳眾，往為之耕，老弱饋食。葛伯率其民，要其有酒食黍稻者，奪之；不授者，殺之。有童子以黍肉餉，殺而奪之。《書》曰：『葛伯仇餉⑤。』此之謂也。為其殺是童子而征之，四海之內皆曰：『非富天下也，為匹夫匹婦復讎也。』『湯始征，自葛載⑥』，十一征而無敵於天下。東面而征西夷怨；南面而征北狄怨；曰：『奚為後我？』民之望之，若大旱之望雨也。歸市者弗止，芸者不變；誅其君，弔其民，如時雨降，民大悅，《書》曰：『徯我后，后來其無罰』『有攸⑦不惟⑧臣，東征，綏厥士女；篚厥玄黃⑨；紹我周王見休⑩，惟臣附于大邑周⑪。』其君子，實玄黃于篚以迎其君子；其小人，簞食壺漿以迎其小人。救民於水火之中，取其殘而已矣。《太誓》⑫曰：『我武惟揚，侵于之疆，則取于⑬殘，殺伐用張，于湯有光。』不行王政云爾。苟行王政，四海之內，皆舉首而望之，欲以為君；齊、楚雖大，何畏焉？」（滕文公、下第五章）

【譯文】萬章問道：「宋是個小國家，如今想實行仁政，齊、楚兩大國卻因此討厭，而出兵攻擊他，怎麼辦呢？」

孟子說：「湯居住在亳地，同葛國為鄰國，葛伯放肆得很，不守禮法，不祭祀鬼神。湯派人去問，『為什麼不祭祀？』答道：『沒有牛羊做祭品。』湯便給他牛羊。葛伯把牛羊吃了，卻不用來祭祀。湯又著人去問，『為什麼不祭祀呢？』答道：『沒有穀米做祭物』湯便著亳地百姓去替他們耕種，老弱的人給耕田的人去送飯。葛伯卻帶領著他的百姓攔住那些拿著酒菜好飯的送飯者進行搶奪，不肯拿出來的便殺掉他。有一個小孩去送飯和肉，葛伯竟把他殺掉，搶去他的飯和肉。《書》上說：『葛伯仇視送飯者』，正是這個意思。湯就為著這一個小孩的被殺來討伐葛伯，天下的人都說：『湯不是貪圖天下的財富，是為老百姓報仇』。湯的作戰，便從葛國開始，出征十一次，沒有能抗拒他的。向東方出征，西方的人不高興；向南方出征，北方的人便不高興，說道。『為什麼不先打我們這裡？』老百姓的盼望他，正和大乾旱年歲盼望雨水一樣。（作戰的時候）做買賣的不曾停止過，鋤地的不曾躲避過，殺掉暴虐的君主，安慰那可憐的百姓，這也和及時的雨水降下一樣，老百姓非常高興。《書》也曾說過。『等待我的王！王來了我們便不再受罪遭殃！』又說：『攸國不服，周王便東行討伐，來安定那裡的男男女女，他們也把黑色和黃色的綢帛捆好了放在筐子裡，請求紹介和周王相見以為榮。想歸附作大周國的臣民。』這說明了周朝初年東征攸國的情況，（地方）官員們把那黑色和黃色的束帛，裝滿筐子來迎接（周的）官員，老百姓便用竹筒盛飯，用壺盛酒漿來迎接（周的）士兵；可見得周王的出師只是把老百姓從水深火熱之中拯救出來，而殺掉那殘暴的君主罷了。《太誓》上說：『我們的威武要發揚，攻到邗國疆土上，殺掉那殘暴的君王，還有一些該死的都得砍光，這樣的功績比湯還輝煌！』是說不實行王政呀！假如實行王政，天下的人都抬起頭來盼望著，要擁護他來做君主，齊國、楚國縱是強大，怕什麼呢？」

◎①今將行王政，齊楚惡而伐之—根據《戰國策》〈宋策〉、《史記》〈宋世家〉，宋王偃的行為同於桀紂，終為齊、魏、楚所滅。而《孟子》說他將行王政，有謂這是王偃早年之事，而晚節不終。（周廣業《孟子出生時地考》）全祖望、焦循則懷疑《國策》《史記》的記載，認為是當時齊楚諸國誣陷之言。

②亳—（ㄅㄛˊ）湯都無定，說者紛歧。以《漢書》〈地理誌〉臣瓚說為可信。蓋在今商邱北，漢時之薄縣。說詳王國維《觀堂集林》〈說亳〉。

③葛—古國名，嬴姓，故城在今河南寧陵縣北十五里。

④放—放縱。

⑤葛伯仇餉—趙岐：「《尚書逸篇》文。」梅賾採入《偽古文》〈仲虺之誥〉。管同《因寄軒文集》：「所謂『仇餉』，不知何事。後世或乃言其本末如此。孟子但以天理人情為斷。

⑥湯始征，自葛載—此恐仍是《尚書》之逸文，與〈梁惠王、下十一章〉：「湯一征，自葛始。」文意相同。載，始也。《毛詩傳》。

⑦有攸—舊註把「攸」字當「所」解，恐誤。楊伯峻云：「據甲文和晚商全文都有攸國之名。故譯文作攸國。」

⑧不惟臣—惟，為也。與《尚書》〈益稷〉「萬邦黎獻，共惟帝臣」的「惟」相同。

⑨篚厥玄黃—篚（ㄈㄟˇ），此作動詞用，把物件裝在筐篚之中。玄黃，本為束帛的顏色，即以指代幣帛。

⑩休—美也。

⑪大邑周—甲文、金文均有「大邑周」之辭，不但別人尊之如此稱，自稱亦如此。大邑即天邑《尚書》〈多士〉。自「有攸」至此之文句，仍是古《尚書》之文，今亡迭。梅賾由此採入偽〈武成篇〉。

⑫太誓—即〈泰誓〉。其文早已亡佚，馬融所見的〈泰誓〉和梅賾《偽古文》〈泰誓〉，都是偽作贗品。

⑬于，這兩個于字都是國名。即邘國，疑是卜辭之盂方伯。

(二) 行仁者王　假仁者霸

孟子曰：「以力假仁者霸；霸必有大國。以德行仁者王；王不待大，湯以七十里，文王以百里①。以力服人者，非心服也，力不贍②也；以德服人者，中心悅而誠服也，如七十子③之服孔子也！《詩》④云：『自西自東，自南自北，無思⑤不

服。』此之謂也。」（公孫丑上、第三章）

【譯文】孟子說：「仗恃勢力然後假借仁義之名以號召征伐的可以稱霸諸侯，稱霸一定要憑藉國力的強大；依靠道德來實行仁義的可以使天下歸附，這樣做不必強大的國力做基礎。湯就僅僅用他縱橫各七十里的土地，文王也就僅僅用他縱橫各百里的土地（實行了仁政而人心歸附），恃仗著勢力來使人服從的，人們不會心悅誠服的，只是因為他本身的實力不夠的緣故；依靠著道德來使人服從的，人們才會心悅誠服，好像七十多位弟子的悅服孔子一樣。《詩經》說過。『從東到西，從南到北，無不心悅誠服。』正是這個意思。」

◎①湯以七十里，文王以百里—這兩句都承上『王不待大』之王字，省略了主要動詞。「文王以百里」而王，為古代傳說。《荀子》〈仲尼〉、《史記》〈平原君列傳〉、《韓詩》〈外傳〉均有此說。後二書更有「湯以七十里而王」的記載。

②贍—足也、夠也。

③七十子—《史記》〈孔子世家〉云：「孔子以詩、書、禮、樂教弟子，蓋三千焉；身通六藝（禮、樂、射、御、書、數）者七十有二人。」《仲尼弟子列傳》又說

「七十七人」，也說「學者多稱七十子之徒」是也。

④《詩》云—所引詩，在今《大雅》〈文王有聲〉。詩以「北」、「服」為韻，古音同在入聲職、德部。

⑤思—助詞，無義。如〈周南：關雎〉的「寤寐思服」的「思」字。

(四)攻伐之道

齊人伐燕，勝之①。宣王問曰：「或謂寡人勿取，或謂寡人取之。以萬乘之國伐萬乘之國，五旬而舉之，人力不至於此②。不取，必有天殃③。取之，何如？」

孟子對曰：「取之而燕民悅，則取之。古之人有行之者，武王是也。取之而燕民不悅，則勿取。古之人有行之者，文王是也④。以萬乘之國伐萬乘之國，簞食壺漿⑤以迎王師，豈有他哉？避水火也。如水益深，如火益熱，亦運⑥而已矣。」（梁惠王下、第十章，）可與第十一章（本編略）「齊人伐燕取之」合看

【譯文】齊國攻打燕國，大獲全勝。齊宣王問道：「有些人勸我不要吞併燕國，也有些人

勸我吞併它。〔我想：〕以一個擁有萬輛兵車的大國去攻打同樣擁有萬輛兵車的大國，只用五十天便打下來了，光憑人力是做不到的呀，〔一定是天意如此。〕如果我們不把它吞併，上天會〔認為我們違反了他的意旨，因而〕降下災害來。吞併它，怎麼樣？」

孟子答道：「如果吞併它，燕國百姓很高興，便吞併它。古人有這樣做過的，周武王便是。如果吞併它，燕國的百姓不高興，那就不要吞併它。古人有這樣做過的，周文王便是。以齊國這樣擁有一萬輛兵車的大國來攻打燕國這樣擁有一萬輛兵車的大國，燕國的百姓卻用筐盛著乾飯，用壺盛著酒漿來歡迎您的軍隊，難道會有別的意思嗎？只不過是想逃開那水深火熱的苦日子罷了。如果他們的災難更加深了，那只是統治者由燕轉為齊罷了。」

◎①齊人伐燕勝之——事在齊宣王五年，燕王噲把燕國讓給他的相國子之，可是國人不服，將軍市被、太子平進攻子之，子之反攻，殺了市被和太子平，齊宣王便派匡章趁機攻打燕國，很快取得勝利。可參閱《戰國策》〈燕策〉〈齊策〉。

②五旬而舉之，人力不至於此——《史記》〈燕世家〉描寫燕國的戰況：「士卒不戰，城門不閉，燕君噲死，齊大戰燕，子之亡。」因此齊人速勝，故以為人力不至於此。

③不取，必有天殃——《左傳》僖公三十三年云：「秦違蹇叔而以貪勤民，天奉我也。

奉不可失，敵不可縱。縱敵患生，違天不祥，必伐秦師！」《國語》〈越語〉也說：「得時無怠，時不再來。天與不取，反為之災。」可見「天予不取，必有天殃」是當日早已流行的觀念。

④文王是也—《論語》〈泰伯〉說周文王三分天下有其二，還服事殷商。

⑤簞食壺漿—簞，古代盛飯的竹筐。食，（ㄙˋ），飯。漿，用米熬成的酸汁，漢朝人叫做酨（ㄗㄞˋ）漿的，古人用以代酒。

⑥亦運而已矣—亦，祇也。運，轉也。朱熹解為「民將轉而望救於他人」與「亦」和「而已矣」所表示的語氣不合，恐未當。

（五）性之 身之 假之

孟子曰：「堯、舜，性之也；湯、武，身之也；五霸，假之也。久假而不歸，惡知其非有也！」（盡心上、第三十章）

【譯文】孟子說：「堯舜的實行仁政（王道），是習於本性，因其自然；商湯和周武王便是親身體驗，努力推行；五霸是借來運用，以之謀利。但是借的時間太長久了，卻不歸還，你又怎知道他不（弄假成真）終於變成他自已的呢？」

（六）不為管晏

公孫丑問曰：「夫子當路①於齊，管仲、晏子②之功，可復許乎③？」孟子曰：「子誠齊人也，知管仲、晏子而已矣！或問乎曾西④曰：『吾子⑤與子路⑥孰賢？』曾西蹵然⑦曰：『吾先子⑧之所畏也。』曰：『然則吾子與管仲孰賢？』曾西艴然⑨不悅曰：『爾何曾⑩比予於管仲！管仲得君，如彼其專也；行乎國政，如彼其久也；功烈如彼其卑也：爾何曾比予於是！』曰：⑪「管仲，曾西之所不為也。而子為⑫我願之乎？」」（公孫丑上、第一章之一）

【譯文】公孫丑問道：「你如果在齊國當權，管仲、晏子的功業可以再度興起來嗎？」孟子說：「你真是一個齊國人，只知道管仲、晏子。曾經有人問曾西：『你和子路相比，誰強？』曾西不安地說：『他是我父親所敬畏的人，（我那敢和他相比？）』那人又說：『那麼，你和管仲相比，誰強？』曾西立刻不高與起來，說道：『你為什麼拿我和管仲相比？管仲得到齊桓公的信賴是那樣地專一，行使國家的政權是那樣地長久，而功績卻是那樣地卑小。你為什麼竟拿我跟他相比？」停了一會兒，孟子又說：「管仲是曾西都不願跟他相比的人，你以為我是願意學他嗎？」

◎①當路—當時成語，猶言「當權」、「當政」。

②管仲、晏子—管仲、齊桓公之相；晏子即晏嬰，齊景公之相。《史記》有〈管晏列傳〉，今日所傳之《管子》和《晏子春秋》，雖然不是兩人手筆，但謹慎抉擇，亦可考見兩人的言行和政論之一斑。

③許—猶與也。

④曾西—唐陸德明《經典釋文》序錄：『曾申字子西，魯人，曾參之子。』但趙岐云：「曾西，曾子之孫，」恐誤。宋王應麟、清毛奇齡、江永，閻若璩等都曾辨正過。

⑤吾子—親密的對稱敬詞，猶云：「我的先生」。

⑥子路—孔子弟子，即仲由。

⑦蹙然—蹙（ㄘㄨˋ）不安貌。

⑧先子—古人用以稱呼其已逝世的長輩。後代多用以指自己已死的父親。

⑨艴然—艴（ㄈㄨˊ）慍怒色也。

⑩曾—乃也，竟也。

⑪曰—仍是孟子所說，重一「曰」字者，表示說話時稍有停頓。俞樾《古書疑義舉例》：中間又加「曰」字，以別更端之語也。

⑫為—猶「謂」也。

（七）行仁政而王　莫之能禦

（公孫丑）曰：「管仲以其君霸，晏子以其君顯；管仲、晏子，猶不足為與？」

曰：「以齊王，由①反手也。」

曰：「若是，則弟子之惑滋甚！且②以文王之德，百年而後崩，猶未洽於天下；武王、周公③繼之，然後大行。今言王若易然，則文王不足法與？」

曰：「文王何可當也？由湯至於武丁，聖賢之君六七作④天下歸殷久矣；久則難變也。武丁朝諸侯，有天下，猶運之掌也。紂之去武丁未久也，其故家遺俗，流風善政，猶有存者；又有微子、微仲、王子比干、箕子、膠鬲⑤，皆賢人也；相與⑥輔相之⑦；故久而後失之也。尺地莫非其有也，一民莫非其臣也，然而文王猶方百里起，是以難也。齊人有言曰：『雖有智慧，不如乘勢⑧；雖有鎡基，不如待時。⑨』今時則易然也：夏后、殷、周之盛，地未有過千里⑩者也，而齊有其地矣；雞鳴狗吠相聞而達乎四境，而齊有其民矣。地不改⑪辟矣，民不改聚矣；行仁政而王，莫之能禦也！且王者之不作，未有疏於此時者也；民之憔悴於虐政，未有甚於此時者也。飢者易為食；渴者易為飲。孔子曰：「德之流行，速於置、郵而傳命⑫。」當今之時，萬乘之國行仁政，民之悅之，猶解倒懸也。故事半古之人，功必倍之。惟此時為然。」

（公孫丑上、第一章之二）

【譯文】（公孫丑）說：「管仲輔佐齊桓公使他稱霸天下；晏子輔佐景公使他名揚諸侯。

管仲、晏子雖道不值得學習嗎？」

孟子說：「以齊國來統一天下，『易如反掌』」。

公孫丑說：「照您這樣講來，我便更加不懂了。像文王那樣的德行，而且活了將近一百歲，他推行的德政，還沒有周徧於天下；武王、周公繼承了他的事業，然後才大大地推行了王道，（統一了天下。）現在你把統一天下說得那樣容易，那麼，文王也不值得效法了嗎？」

（孟子）說：「怎麼能夠比得上文王呢？（我們拿當時的歷史情況來說吧，）從湯到武丁，賢明的君主總有六七起，天下的人歸附殷朝已經很久了，時間一久便很難變動。武丁使諸侯來朝，把天下治理好，便好像在手中轉動東西一樣。紂王的年代上距武丁並不太久，當時的勳舊世家，善良習俗，仁惠政教，還有些存在的，又有微子、微仲、王子比干、箕子、膠鬲（他們都是賢德的人）其同來輔助他，所以經歷相當久時間才亡了國。當時沒有一寸土地不是紂王所有，沒有一個百姓不歸紂王所管，然而文王還能憑藉縱橫一百里的小國以創立豐功偉業，所以是很困難的。齊國有句俗話：『縱使有聰明，還得趁形勢；縱有鋤頭，還得等待農時。』現在的時勢要推行王政，就容易了：縱在夏、商、周最興盛的年代裡，任何國家的國土也沒有超過縱橫一千里的，現在齊國卻有這麼寬廣的土地了；雞鳴狗吠的聲音，從首都一直到四方的國界線，處處相聞，（人煙如此稠密，）齊國有這麼多的百姓，國土不必再開拓，人口也不必再增加，只要實行仁政來統一天下，就沒有人能夠阻止得了。而且統一天下的賢君不出現的時間，歷史上從來沒有這麼久過；老百姓被暴虐的政治所折磨，歷史上也從來沒有這樣厲害過。肚子飢餓的人不苛擇食物，口舌乾渴的人不苛擇飲料。孔子說過：『德政的流行，比驛站的傳達政令還要迅速。』現在這個時侯，擁有萬輛兵車的大國實行仁政，老百姓的高興，正好像被人倒吊著而給解放了一般。所以，『事半功倍』，只有在這個時代才行。」

◎①由──同猶。

②且──連詞，表示進一層的並列關係。此句承上「管仲以其君霸，晏子以其君顯」而來，故用「且」字。

③周公──姬旦，文王之子，武王之弟，輔助武王伐紂，統一天下，又輔助成王定亂，安定天下。魯國的始祖。

④由湯至於武丁，賢聖之君六七作──這個「作」字意義，等於今天口語的「起」字，可以把它看為量詞。（此「作」字似可當「興起」講。）《史記》殷本紀，湯至武丁有湯、太甲、大戊、祖乙、盤庚、武丁六位賢聖之君，計六起。此「六七」二字蓋為未定詞。

⑤微子微仲、王子比干、箕子、膠鬲──微子名啟，紂的庶兄。（《孟子》〈告子上〉則以他為紂的叔父）；此從《呂氏春秋》，《史記》。微仲、微子之弟，名衍（亦見，

《呂氏春秋》《史記》），王子比干、紂的叔父，屢向紂諫、被紂剖心而死。箕子也是紂的叔父。比干被殺，箕子懼，乃佯狂為奴，紂又囚之，武王滅商，「命召公釋箕子之囚。」「後二年……問以天道。」（《史記》周本紀）。膠鬲（ㄍㄜˊ）紂臣。（見《國語》、《呂氏春秋》。）

⑥相與—雙音副詞，共同之意。

⑦輔相—雙音動詞。相（ㄒㄤˋ）

⑧雖有智慧，不如乘勢—「慧」「勢」押韻，古音同在「祭」部。「不如」都未直譯，譯作「不及」，反而不妥。

⑨雖有鎡基，不如待時—「基」「時」押韻。古音同在之部。鎡基即今之鋤頭，或作「茲基」、「茲其」。時，耕種的時期。

⑩千里—方千里的省略。

⑪改—更也，此作副詞用。

⑫置、郵而傳命—「置」、「郵」，都是名詞，相當後代的驛站傳遞。因之，古代的譯站叫「置」或「郵」。命，國家的命令。

（八）王政可得而聞也

齊宣王問曰：「人皆謂我毀明堂①；毀諸？已②乎？」

孟子對曰：「夫明堂者，王者之堂也。王欲行王政，則勿毀之矣。」

王曰：「王政可得聞與？」

對曰：「昔者文王之治岐③也，耕者九一④，仕者世祿⑤，關市譏⑥而不征，澤梁⑦無禁，罪人不孥⑧。老而無妻曰鰥⑨，老而無夫曰寡，老而無子曰獨，幼而無父曰孤。此四者，天下之窮民而無告者。文王發政施仁，必先斯四者。《詩》云『哿矣富人，哀此煢獨⑩。』。」

王曰：「善哉言乎！」

曰：「王如善之，則何為不行？」

王曰：「寡人有疾，寡人好貨。」

對曰：「昔者公劉⑪好貨，詩云：『乃積乃倉⑫，乃裹餱糧⑬，于橐于囊⑭。思戢用光⑮。弓矢斯張，干、戈、戚、揚⑯，爰方啟行』。故居者有積倉，行者有裹囊⑰也，然後可以爰方啟行。王如好貨，與百姓同之，於王何有？」

王曰：「寡人有疾，寡人好色。」

對曰：「昔者太王好色，愛厥妃。詩云：『古公亶父⑱，來朝走馬，率西水滸⑲，至予岐下，爰及姜女⑳，聿來胥宇㉑』，當是時也，內無怨女，外無曠夫㉒。王如好色，與百姓同之，於王何有㉓？」（梁惠王下、第五章）

【譯文】齊宣王問道：「別人都建議我把明堂拆毀掉，（你說，）毀掉呢？還是不呢？」

孟子答：「明堂是什麼呢？是有道德而能統一天下的王者的殿堂，您如果要實行王政，就不要把它毀掉了。」

王說：「（怎樣去實行王政呢？）可以講給我聽聽嗎？」

答道：「從前周文王治理岐周，對農民的稅率是九分抽一；對做官的人是給以世代承襲的俸祿，在關口和市場上，只稽查，不征稅；任何人到湖泊捕魚，不加禁止；犯罪的人，刑罰只及於他本人，不牽連到他的妻室兒女。失掉妻室的老年人叫做鰥夫，失掉丈夫的老女人叫寡婦，沒有兒女的老人叫做孤獨者，死了父親的兒童叫做孤兒。這四種人是社會上窮苦無靠的人。周文王實行仁政，一定最先考慮到他們。《詩經》〈小雅正月〉說『有錢財的人是可以過得去的了，可憐那些孤單的無依無靠者吧。』」

宣王說：「這話說得真好呀！」

孟子說：「您如果認為這話好，那為什麼不實行呢？」

宣王說：「我有個毛病，我喜愛錢財，（實行王政怕有困難。）」

孟子答道：「從前公劉也喜愛錢財，《詩》〈大雅、公劉〉寫道：『糧食真多，外有囤，內滿倉；還包裹著乾糧，裝滿橐，裝滿囊。人民安樂，國威發揚。箭上弦，弓開張，其它武器都上場，浩浩蕩蕩向前行。』因此留在家裡的人有積穀，行軍的人有乾糧，這才能率領軍隊前進。王如果喜愛錢財，能跟百姓一道，那對於實行王政來統一天下有什麼困難呢！」

王又說：「我有個毛病，我喜愛女人，（實行王政怕有困難。）」

孟子答道：「從前太王也喜愛女人，非常疼愛他的妃子。《詩》〈大雅、綿〉寫道：『古公亶父清早便跑著馬，沿著邠地西邊漆水河岸，來到岐山之下。還帶領著他的妻子姜氏女，都來這裡視察住處。』，當這個時候，沒有找不著丈夫的老處女，也沒有找不著妻子的單身漢。王假若喜愛女人，能跟百姓一道，那對於實行王政來統一天下有什麼困難呢？」

◎

①明堂—明堂的制度，根據《周禮》〈考工記匠人〉及《禮記》〈明堂位〉疏，所引諸書，其說各不相同。有的說是為天子朝見諸侯而設的，有的說是天子的太廟。但這裡指的明堂在齊國國境之內，可能是準備天子東巡狩朝見諸侯用的。

②已—止也。但古書常常以「諾」和「已」對言，已便有否定的意味（請參考楊樹達《積微居小學述林》〈公羊傳諾已解〉。這一「已」字也含有否定之意。

③岐—地名，在今陝西岐山縣一帶。

④耕者九一—孟子這話可能就是指井田制而言。每井九百畝，八家各一百畝，叫做私田。當中一百畝，叫做公田，由八家共同耕種，井田制是孟子理想的土地制度，詳見滕文公章句上，第三章本編第二五三頁。這一制度未必能實行，但孟子以為古人是實行了的。（按：孟子這一主張，在當時，開拓阡陌，富國強兵形勢下，卻是保守的，守舊的，也是很難推行得了的。）

⑤仕者世祿—這應該是指當時大夫以上的官職而言。

⑥譏—《禮記》王制云：「關執禁以譏」。「注云：譏，苛察也。」「譏」，相當於今「稽查」之稽。

⑦澤梁—古代用以在流水中攔魚的一種裝置。

⑧孥—本意是妻室兒女，這裡用作動詞。

⑨鰥—音（ㄍㄨㄢ）。

⑩哿矣富人，哀此煢獨—哿音ㄍㄜˇ，又讀ㄎㄜˇ，可也。煢，音ㄑㄩㄥˊ，單獨之意。

⑪公劉—后稷的後代，為周代創業的始祖。

⑫倉—這裡用作動詞，以倉廩積穀也。

⑬餱糧—餱（ㄏㄡˊ）。餱糧就是乾糧。

⑭橐—（ㄊㄨㄛˊ），橐和囊都是盛物之器，橐兩端有底，旁邊開口，東西盛滿以後，在中間舉起來，所盛物便在兩頭了，可以擔，也可以放在駱駝峰上，其大者還可以垂之於車。囊則無底，物件盛于其中，然後括其兩頭。橐大囊小。說詳黃以周《史說略》卷四〈釋囊橐〉。

⑮思戢用光—思，語詞，無義。戢（ㄐㄧˊ），此、音、義同輯，和也，安也。光，發揚光大之意。

⑯干戈戚揚—都是戰具。干，據歷代注家，說是保衛自己用的刀箭之牌（盾），楊樹達則以為是刺人之兵器。說詳《積微居小學述林》〈釋干〉。戈是古代用以鉤挽敵人並啄刺敵人的兵器。戚、斧一類的東西，鋒刃較狹。揚、大斧。這句沒有動詞，因為是詩歌，故句法與平常語言不同。

⑰裹囊—有些本子作「裹糧」，今從阮元校記的宋本孔本，說詳《焦循正義》所引

臧琳《經義雜記》。《鹽鐵論》〈鹽鐵取下〉說：「公劉好貨，居者有積，行者有囊」即用《孟子》此文。

⑱太王，古公亶父—初居邠，狄人侵之，遷于岐山之下，後改國號為周，尊為太王。

⑲率西水滸—率，循也。滸，水涯也。這句話是說沿著邠地西邊的河岸而走。水指漆水，說詳王引之《經義述聞》。

⑳爰及姜女—爰，語首詞，無義。姜女就是太姜，太王之妃。

㉑聿來胥宇—聿，語首詞無義。胥，動詞，省視也。宇—屋宇。

㉒內無怨女，外無曠夫—這裡內外係指男女而言。古代以女子居內，男子居外，所以這裡「怨女」用「內」字，「曠夫」用「外」字。

㉓何有—當時成語，這裡用為「何難之有」的意思。朱熹云：「何有，言不難也。」

（乙）推恩保民

（一）推恩足以保四海

齊宣王①問曰：「齊桓、晉文②之事，可得聞乎？」

孟子對曰：「仲尼之徒，無道桓、文之事者，是以後世無傳焉，臣未之聞也；無以③，則王乎！」

曰：「德何如，則可以王矣？」

曰：「保④民而王，莫之能禦也。」

曰：「若寡人者，可以保民乎哉？」

曰：「可！」

曰：「何由知吾可也？」

曰：「臣聞之胡齕⑤曰：『王坐於堂上，有牽牛而過堂下者，王見之，曰：『牛何之⑥？』對曰：『將以釁鐘⑦。』王曰：『舍之⑧，吾不忍其觳觫⑨，若無罪而就死地。』對曰：『然則廢釁鐘與？』曰：『何可廢也？以羊易之！』不識有諸⑩？」

曰：「有之。」

曰：「是心足以王矣！百姓皆以王為愛⑪也；臣固知王之不忍也！」

王曰：「然！誠有百姓者。齊國雖褊⑫小，吾何愛一牛？即不忍其觳觫，若無罪而就死地，故以羊易之也！」

曰：「王無異[13]於百姓之以王為愛也；以小易大，彼惡知之？王若隱[14]其無罪而就死地，則牛羊何擇焉？」

王笑曰：「是誠何心哉！我非愛其財，而易之以羊也。宜乎百姓之謂我愛也。」

曰：「無傷也，是乃仁術也。見牛未見羊也。君子之於禽獸也，見其生，不忍見其死；聞其聲，不忍食其肉。是以君子遠庖廚也[15]。」

王說[16]曰：「《詩》云：[17]『他人有心，予忖度之[18]。』夫子之謂也！夫我乃行之，反而求之，不得吾心；夫子言之，於我心有戚戚焉。此心之所以合於王者，何也？」

曰：「有復於王者曰：『吾力足以舉百鈞[19]，而不足以舉一羽；明足以察秋毫之末[20]，而不見輿薪。』則王許[21]之乎？」

曰：「否。」

「今[22]恩足以及禽獸，而功不至於百姓者，獨何與？然則一羽之不舉，為不用力焉；輿薪之不見，為不用明焉；百姓之不見保，為不用恩焉。故王之不王，不為也，非不能也。」

曰：「不為者與不能者之形，何以異？」

曰：「挾太山以超北海㉓，語人曰：『我不能。』是誠不能也；為長者折枝㉔，語人曰：『我不能。』是不為也，非不能也。故王之不王，非挾太山以超北海之類也；王之不王，是折枝之類也。老吾老，以及人之老；幼吾幼，以及人之幼：天下可運於掌㉕。《詩》云：『刑于寡妻㉖，至于兄弟，以御于家㉗邦。』言舉斯心，加諸彼而已。故推恩足以保四海；不推恩無以保妻子。古之人所以大過人者，無他焉，善推其所為而已矣。今恩足以及禽獸，而功不至於百姓者，獨何與？」

「權，然後知輕重；度，然後知長短：物皆然，心為甚。王請度之！抑㉘王興甲兵，危士臣，構怨於諸侯，然後快於心與？」

王曰：「否，吾何快於是？將以求吾所大欲也。」

曰：「王之所大欲，可得聞與？」

王笑而不言。

曰：「為肥甘不足於口與？輕煖不足於體與？抑為采㉙色不足視於目與？聲音不

足聽於耳與？便嬖㉚不足使令於前與？王之諸臣，皆足以供之；而王豈為是哉？」

曰：「否！吾不為是也。」

曰：「然則王之所大欲可知已；欲辟㉛土地，朝㉜秦、楚，莅中國㉝，而撫四夷也。以若㉞所為，求若所欲，猶緣木而求魚也。」

王曰：「若是其甚與？」

曰：「殆㉟有㊱甚焉！緣木求魚，雖不得魚，無後災，以若所為求若所欲，盡心力而為之，後必有災。」

曰：「可得聞與？」

曰：「鄒㊲人與楚㊳人戰，則王以為孰勝？」

曰：「楚人勝。」

曰：「然則小固不可以敵大，寡固不可以敵眾，弱固不可以敵強。海內之地，方千里者九，齊集有其一；以一服八，何以異於鄒敵楚哉？蓋㊴亦反其本矣。今王發政施仁，使天下仕者皆欲立於王之朝，耕者皆欲耕於王之野，商賈皆欲藏於王之市，行旅皆欲出於王之塗，天下之欲疾其君者，皆欲赴愬㊵於王：其若是，孰能禦之？」

王曰：「吾惽㊶，不能進於是矣！願夫子輔吾志，明以教我；我雖不敏，請嘗試之。」

曰：「無恆產而有恆心者，惟士為能。若㊷民，則㊸無恆產，因無恆心；苟無恆心，放辟邪侈，無不為已。及陷於罪，然後從而刑之，是罔民也。焉有仁人在位，罔㊹民而可為也？是故明君制民之產，必使仰足以事父母，俯足以畜妻子；樂歲終身飽，兇年免於死亡；然後驅而之善，故民之從之也輕㊺。

今也制㊻民之產，仰不足以事父母，俯不足以畜妻子；樂歲終身苦，兇年不免於死亡；此惟救死而恐不贍㊼，奚㊽暇治禮義哉？

王欲行之，則盍㊾反其本矣？五畝之宅，樹之以桑，五十者可以衣帛矣；雞豚狗彘之畜，無失其時，七十者可以食肉矣；百畝之田，勿奪其時，八口之家，可以無飢矣；謹庠序之教，申㊿之以孝悌之義，頒白者不負戴於道路矣！老者衣帛食肉，黎民不飢不寒，然而不王者，未之有也。」（梁惠王上、第七章）

【譯文】齊宣王問孟子道：「齊桓公，晉文公在春秋時代稱霸的事蹟，您可以講給我聽嗎？」

孟子答道：「孔子的學生們沒有談到齊桓公、晉文公的事蹟的，所以也沒有傳到後代來，我也不曾聽到過。王如果定要我說，便講講用道德的力量來統一天下的「王」道吧！」

宣王問道：「要有怎樣的道德就能夠統一天下了呢？」

孟子說：「一切為著使百姓的生活安定而努力，這樣去統一天下，沒有人能夠阻擋。」

宣王說：「像我這樣的人，能夠使百姓的生活安定嗎？」

孟子說：「能！」

宣王說：「憑甚麼知道我能呢？」

孟子說：「我曾聽到胡齕告訴我一件事：王坐在大殿之上，有人牽著牛從大殿下走過，王看到了，便問道：『牽著牛往哪兒去？』那人答道：『準備宰了祭鐘。』王便道：『放了它吧！看它那哆嗦可憐的樣子，毫無罪過，卻被送進屠場，我實在不忍。』那人便道：『那麼，便廢除祭鐘這一儀節嗎？』王道：『怎麼可以廢除呢？用隻羊來代替吧！』——不曉得果真有這樣一回事嗎？」

宣王說：「有的。」

孟子說：「憑這樣好心就可以統一天下了。老百姓都以為王是吝嗇，我卻知道王是不忍。」

宣王說：「對呀，確實有這樣的百姓。齊國雖然不大。我也何至於連一隻牛都捨不得？我就是不忍看著它那種哆嗦可憐的樣子，毫無罪過而被送進屠場，才用羊來代替它。」

孟子說：「百姓說王吝嗇，王也不必奇怪。（羊小牛大，）用小的代替大的，他們哪能體會到王的深意呢？如果說可憐它（牛）毫無罪過卻被送進屠場，那麼宰牛和宰羊又有什麼不同呢？」

宣王笑著說：「這個我真連自已也不懂是什麼心理了。我的確不是吝惜錢財才去用羊來代替牛。（您這麼一說，）百姓說我吝嗇是理所當然的了。」

孟子說：「（百姓這樣誤解）沒有什麼關係。王這種不忍之心正是仁愛。道理就在於：王親眼看見了那隻牛，卻沒有看見那隻羊。君子對於飛禽走獸，看見它們活著，便不忍心再看到它們死去；聽到它們悲鳴哀號，便不忍心再吃它們的肉。君子把廚房擺在遠離自已的場所，就是這個道理。」

宣王很高興地說：「有兩句詩歌：『別人存啥心，我能揣摩到。』您就是這樣的，我只是這樣做了，再問問自已，（為什麼要這樣做呢？）卻說不出所以然來。您老人家這麼一說，我的心便豁然明亮了。但我這種心情和王道相合，又是什麼道理呢？」

孟子說：「假定有一個人向王報告：『我的膂力能夠舉重三千斤，卻拿不起一根羽毛；我的目力能夠把秋天鳥的細毛看得分明，一車子柴火擺在眼前卻瞧不見。』您肯相信這種話嗎？」

宣王說：「不。」

孟子便馬上接著說：「如今王的好心好意足以使動物沾光，卻不能使百姓得到好處，卻是為什麼呢？這樣看來，一根羽毛都拿不起，只是不肯用力的緣故；一車子柴火瞧不見，只是不肯用眼睛的緣故；老百姓得不到安定的生活，只是不肯施恩惠的緣故。所以王的不行仁德的政治來統一天下，只是不肯幹，不是不能幹。」

宣王說：「不肯幹和不能幹在現象上有什麼不同呢？」

孟子說：「把泰山夾在胳臂底下跳過北海，告訴人說：『這個我辦不到』。這真是不能。替老年人折取樹枝，告訴人說：『這個我辦不到。』這是不肯幹，不是不能幹。王的不行仁政不是屬於把泰山夾在胳臂底下跳過北海一類，而是屬於替老年人折取樹枝一類的。尊敬我家裏的長輩，從而推廣到尊敬別人家裏的長輩；愛護我家裏的兒女，從而推廣到愛護別人家裏的兒女。（一切政治措施都由這一原則出發，）要統一天下就像在掌心裏轉動東西那麼容易了。《詩經》上說：『先給妻子做榜樣，再推廣到兄弟，再進而推廣到封邑和國家。』這就是說把這樣的好心好意擴大到其它方面去就行了。所以由近及遠地把恩惠推廣開去，便足以安定天下；不這樣，甚至連自已的妻子都保護不了。古代的聖賢之所以遠遠地超越於一般人，沒有別的訣竅，只是他們善於推行他們的好行為罷了。如今您的好心好意足以使動物沾光，百姓卻得不著好處，這是為什麼呢？秤一秤，才曉得輕重；量一量，才曉得長短。甚麼東西都如此，人的心更需要這樣。王，您考慮一下吧！

難道說，動員全國軍隊，使將士冒著危險，去和別的國家結仇構怨，這樣做您心裏才痛快嗎？」

宣王說：「不，我為什麼要這麼做才痛快呢？我之所以這樣做，不過是要求滿足我的最大慾望啊。」

孟子說：「王的最大慾望是什麼呢？可以講給我聽聽嗎？」

宣王笑了笑，卻不說話。

孟子便說：「是為了肥美的食物不夠吃呢？是為了輕煖的衣服不夠穿呢？是為了豔麗的彩色不夠看呢？是為了美妙的音樂不夠聽呢？還是為了伺候的人不夠您使喚呢？這些，您手下的人員都能夠儘量供給，難道您真是為了它們嗎？」

宣王說：「不，我不是為了這些。」

孟子說：「那末，您的最大慾望便可以知道了。您是想要擴張國土，使秦國楚國都來朝貢，自已作天下的盟主，同時安撫四周圍的落後外族。不過，以您這樣的作法想滿足您這樣的慾望，好像爬到樹上去捉魚一樣。」

宣王說：「竟然有這樣的嚴重嗎？」

孟子說：「恐怕比這更嚴重呢。爬上樹去捉魚，雖然捉不到，卻沒有禍害。以您這樣的作法想滿足您的慾望，如果費盡心思去幹，（不但達不到目的，）而且一定會有禍害在後頭。」

宣王說：「這是什麼道理呢？可以講給我聽聽嗎？」

孟子說：「假定鄒國和楚國打仗，您以為那一國會打勝呢？」

宣王說：「楚國會勝。」

孟子說：「從這裏便可以看出；小國不可以跟大國為敵，人口稀少的國家不可以和人口眾多的國家為敵，弱國不可以跟強國為敵。現在中國土地總面積約九百萬平方里，齊國全部土地不過一百萬平方里。以九分之一的力量跟其餘的九分之八為敵，這和鄒國跟楚國為敵有什麼分別呢？（這條道路是走不通的，那麼，）為什麼不從跟本著手呢？

現在王如果能改革政治，施行仁德，便會使天下的士大夫都想到齊國來做官，莊稼漢都想到齊國來種地，行商坐賈都想到齊國來做生意，來往的旅客也都想取道齊國，各國痛恨本國君主的人們也都想到您這裏來控訴。果然做到這樣，又有誰能抵擋得住呢？」

宣王說：「我頭腦昏亂，對您的理想不能再有進一層的體會，希望您輔佐我達到目的，明明白白的地教導我。我雖然不行，也無妨試它一試。」

孟子說：「沒有固定的產業收入，卻有一定的道德觀念和行為準則的，只有士人才能夠做到。至於一般人，如果沒有一定的產業收入，便也沒有一定的道德觀念和行為準則。這樣，就會胡作非為，違法亂紀，什麼事都幹得出來，等到他們犯了罪，然後去加以處罰，這等於陷害。哪有仁愛的人坐在朝廷上的君主卻做出陷害老百姓的事呢？所以英明的君主規定人們的產業，一定使他們上足以贍養父母，下足以撫養妻兒；好年成，豐衣足食；壞年成，也不致餓死。然後再去誘導他們走上善良的道路，老百姓也就很容易地聽從了。

現在呢，規定人們的產業，上不足以贍養父母，下不足以撫養妻兒；好年成，也是艱難困苦，壞年成，只有死路一條。這樣，每個人用全力救活自已生命都來不及，哪有閒工夫學習禮義呢？

王如果要施行仁政，為什麼不從根本著手呢？每家給他五畝土地的住宅，四圍種植著桑樹，那末，五十歲以上的人都可以有絲綿襖穿了。鷄狗與豬、這類家畜，都有力量和工夫去飼養繁殖，那末，七十歲以上的人就都有肉可以吃了。一家給他一百畝田地，並且不妨礙他的生產，八口人的家庭便都可以吃得飽飽的了，辦好各級學校，反覆地用孝順父母、敬愛兄長的大道理來開導他們，那末，鬢髮花白的人（便會有人來代勞），不致頭頂著、背負著物件在道路上行走了。老年人個個穿綿吃肉，一般人不凍不餓，這樣還不能使天下歸服的，那是從來沒有的事。」

◎①齊宣王—威王之子，名辟疆。據推測，孟子在見了梁襄王之後便離開魏國到了齊國，這時齊宣王即位也不過兩年。

②齊桓、晉文—齊桓公名小白，晉文公名重耳，在春秋時先後稱霸，為「五霸」之首。

③以—同「已」。「無以」猶言「不得已」。

④保—安也。

⑤齕—（ㄏㄜˊ）

⑥之—動詞，往也，適也。

⑦釁鐘—（ㄒㄧㄣˋ），王夫之《疏孟子》云：「釁」祭名，血祭也。凡落成之祭曰「釁」。這是古代的一種禮節儀式，當國家的一件新的重要器物以至宗廟開始使用的時候，便要宰殺一件活物來祭它。

⑧舍—同「捨」

⑨觳觫—（ㄏㄨˊ ㄙㄨˋ），楊慎《丹鉛總錄》云：「言牛將就屠而體縮恐懼也。」俞樾《孟子平義》把下句「若」字屬此句讀。楊樹達《古書句讀釋例》以「吾不忍其觳觫若無罪而就死地」十三字作一句讀。皆不可信。

⑩諸—「之乎」、「之於」的合音。

⑪愛—吝嗇之意。

⑫褊—（ㄅㄧㄢˇ），小也。

⑬異—動詞，奇怪，疑怪。

⑭隱—趙岐：「痛也」。哀痛，可憐。

⑮君子遠庖廚—君子，有時指有德之人，有時指有位（官職）之人，這裏兩者都可解。遠，這裏作動詞，使動用法，使他遠離的意思。舊讀（ㄩㄢˋ）。

⑯說—同「悅」，高興，喜歡。

⑰《詩》云—詩句見於《詩經》〈小雅巧言〉。

⑱忖度—（ㄘㄨㄣˇ ㄉㄨㄛˋ），揣想。

⑲鈞—三十斤為一鈞。

⑳秋毫之末—有人說是鳥尾之細毛，有人說是禾穗上之白毛，總之是極細小的東西。

㉑許—聽信。

㉒今字前省去「曰」字，便是表示孟子的話是緊接著宣王的話。

㉓挾太山以超北海—太山即泰山，北海即渤海。《墨子》〈兼愛〉云：「譬若挈泰山越河濟也」可見此是當時常用譬喻。

㉔折枝—古來有三種解釋：甲、折取樹枝，乙、彎腰行禮，丙、按摩搔養。譯文取第一義。

㉕天下可運於掌—《列子》〈湯問〉：「大王治國誠能若此，則天下可運於一握。」即此意。

㉖刑于寡妻—《詩》云以下三句見於《詩經》〈大雅思齊〉。「刑」同「型」，猶言示範。寡妻，嫡妻也。這「寡」字和《尚書》〈康誥〉的「寡兄」，〈康王之誥〉的「寡命」諸「寡」字同義，大也。可參考俞正燮《癸巳類稾寡兄解》。

㉗家—指卿大夫之有采邑者。

㉘抑—選擇連詞，相當於現代語的「還是」

㉙采—就是「彩色」。

㉚便嬖—（ㄆㄢˊ ㄅㄧˋ），在王左右親近之有寵幸者。

㉛辟—同「闢」，開闢。

㉜朝—使動用法，使其朝覲。

㉝莅—（ㄌㄧˋ），臨也。

㉞若—如此，後來寫作「偌」。

㉟殆—副詞，表示不肯定。可譯為「可能」、「大概」、「幾乎」、「或者」。

㊱有—同「又」。

㊲鄒—國名，就是邾國，《公羊傳》又作邾婁，國土極小。今山東鄒縣東南有邾城，

當是古郰之地。

㊳楚——春秋和戰國時的大國。

㊴盍——同「盇」，「何不」的合音。同㊾。

㊵愬——同「訴」。

㊶惛——同「昏」。

㊷若——轉折連詞，他轉「至于」之意。

㊸則——假設連詞，假若。

㊹罔——同「網」，此處用作動詞，張網羅以捕捉之意，猶言「陷害」。

㊺輕——輕易，容易。

㊻制——訂立制度。

㊼贍——（ㄕㄢˋ），足夠。

㊽奚——何。

㊾盇——「何不」的合聲。

㊿申——趙岐以「申重」解「申」，是也，《荀子》〈仲尼〉云：「疾力以申重之」。楊倞云「申重、猶再三也。」此「申」字用法正與《禮記》〈檀弓〉「申之以子夏」同。譯文故以「反覆開導」表達之。

（二）五霸 三王之罪人

孟子曰：「五霸①者，三王②之罪人也；今之諸侯，五霸之罪人也；今之大夫，今之諸侯之罪人也。天子適諸侯曰巡狩，諸侯朝天子曰述職。春省耕而補不足，秋省斂而助不給。入其疆，土地辟，田野治，養老尊賢，俊傑在位，則有慶③；慶以地。入其疆，土地荒蕪，遺老失賢，掊克④在位，則有讓⑤。一不朝，則貶其爵；再不朝，則削其地；三不朝，則六師移之⑥。是故天子討而不伐，諸侯伐而不討。五霸者，摟諸侯以伐諸侯者也。故曰：五霸者，三王之罪人也。五霸，桓公為盛。葵丘⑦之會，諸侯束牲⑧載書⑨而不歃血⑩。初命曰：『誅不孝，無易樹子，無以妾為妻。』再命曰：『尊賢育才，以彰有德。』三命曰：『敬老慈幼，無忘賓旅。』四命曰：『士無世官，官事無攝，取士必得⑪，無專殺大夫。』五命曰：『無曲防⑫，無遏糴，無有封而不告⑬。』曰：『凡我同盟之人，既盟之後，言歸于好。』今之諸侯，皆犯此五禁。故曰：今之諸侯，五霸之罪人也。長⑭君之惡其罪小，逢君之惡其罪大；今之大

夫皆逢君之惡。故曰：今之大夫，今之諸侯之罪人也。」（告子下、第七章）

【譯文】孟子說：「五霸，對三王說來，是有罪之人；現在的諸侯，對五霸說來，又是有罪的人；現在的大夫，對現在的諸侯說來，又是有罪的人。天子巡行諸侯的國家叫做巡狩，諸侯朝見天子叫做述職。（天子的巡狩，）春天考察耕種情況，補助不足的人；秋天考察收獲情況，賙濟不夠的人。一進到某國的疆界，如果土地已經開闢，田裡工作也做的很好，老人被贍養，賢者被尊貴，出色的人才立於朝廷，那麼，就有賞賜；賞賜用土地。如果一進到某國的疆界，土地荒廢，老人被遺棄，賢者不被任用，搜括錢財的人立於朝廷，那麼便有責罰。（諸侯的定期述職）一次不朝，就降低爵位；兩次不朝，就削減土地；三次不朝，就把軍隊開去。所以天子的用武力是「討」，不是「伐」；諸侯則是「伐」，不是「討」。五霸呢，是挾持一部分諸侯來攻伐另一部分諸侯的人，所以我說，五霸，對三王說來，是有罪的人。五霸、齊桓公最了不得。在葵丘的一次盟會，綑綁了犧牲，把盟約放在它身上，（因為相信諸侯不敢負約，）便沒有歃血。第一條盟約說，誅責不孝之人，不要廢立太子，不要立妾為妻。第二條盟約說，尊貴賢人，培育人才，來表彰有德者。第三條盟約說，恭敬老人，慈愛幼小，不要怠慢貴賓和旅客。第四條盟約說，士人的官職，不要世代相傳，公家職務，不要兼攝，錄用士子一定要得當，不要獨斷獨行地殺戮大夫。第五條盟約說，不要到處築堤，不要禁止鄰國來採購糧食，不要有所封賞而不報告（盟主）。最後說，所有我們參與盟會的人從訂立盟約以後，完全恢復舊日的友好。今日諸侯都違犯了這五條禁令，所以說，今天的諸侯，對五霸說來是有罪的人。君主有惡行，臣下加以助長，這罪行還小；君主有惡行，臣下加以逢迎，（給他找理論根據，使他無所忌憚。）這罪行可大了。而今天的大夫，都逢迎君主的惡行，所以說，今天的大夫，對諸侯說來又是有罪的人。」

◎①五霸—五霸之說有四：甲：夏代之昆吾氏，殷商之大彭氏、韋豕氏，周之齊桓公，晉文公《白虎通》〈號篇〉。但以《孟子》「五霸，桓公為盛」之語觀之，顯然此說不是孟子之意。乙：齊桓公、晉文公、秦穆公、楚莊王、吳王闔閭《白虎通》〈號篇〉。丙：齊桓公、晉文公、秦穆公、宋襄公、楚莊王（白虎通號篇、趙岐注、同）。以《孟子》「秦穆公用之而霸」（告子下、第六章）觀之，《孟子》所謂五霸，必是此兩說中之一。丁：齊桓公、晉文公、楚莊王、吳王闔閭、越王勾踐《荀子王霸篇》。此說無秦穆公，當與《孟子》不合。

②三王—夏禹、商湯、周文王、武王。

③慶—賞也。

④掊克—《詩經》〈大雅、蕩〉釋文：掊克、聚斂也。

⑤則有讓─朱熹云：「自『入其疆』及『則有讓』，言巡狩之事。」
⑥六師移之─朱熹又云：「自『一不朝』至『六師移之』，言述職之事。」
⑦葵丘─地名，春秋時屬宋，今河南考城縣東三十里。考城縣志云：「葵丘東南有盟台，其地名盟台鄉。」
⑧束牲─古代定盟約用犧牲，或殺或不殺。不殺者稱束牲。束縛其牲也。盟牲，諸侯用牛、大夫用豭（ㄐㄧㄚ、牡豬），則此牲當是牛。
⑨載書─載、動詞，書、名詞。指〈盟辭〉，誦讀盟辭，而後加於牲上。
⑩歃血─歃、喋也，以口微吸之也。
⑪取士必得─取士必得「賢」也。即「得人之意」。
⑫無曲防─防、隄也。曲、副詞，有「無不」、「遍」之義。意即「不要到處築隄，以鄰為壑也。」
⑬無有封而不告─趙岐云：「無以私恩擅有所封賞而不告盟主也。」
⑭長─助長（ㄓㄤˇ）增加之意。

（丙）與民同樂

（一）靈臺靈沼之樂

孟子見梁惠王，王立於沼上，顧鴻鴈麋鹿，曰：「賢者亦樂此乎？」

孟子對曰：「賢者而後樂此；不賢者雖有此，不樂也。《詩》云：『經始靈臺，經之營之，庶民攻①之，不日②成之。經始勿亟，庶民子來③。王在靈囿，麀鹿攸伏④。麀鹿濯濯⑤；白鳥鶴鶴⑥。王在靈沼，於牣⑦魚躍。』文王以民力為臺為沼，而民歡樂之，謂其臺曰靈臺，謂其沼曰靈沼，樂其有麋鹿魚鼈。古之人與民偕樂，故能樂也。湯誓⑧曰：『時日害喪⑨，予及女偕亡！』民欲與之偕亡，雖有臺池鳥獸，豈能獨樂哉！」（梁惠王上、第二章）

【譯文】孟子謁見梁惠王。王站在池塘旁邊，一面顧盼著鳥獸，一面說道：「有道德的人也高興享受這一種快樂嗎？」

孟子答道：「只有有道德的人才能夠享受這一種快樂，沒有道德的人縱使有這種快樂也是無法享受的。（這話怎麼說呢？我舉出周文王和夏桀的史事來說明吧。）《詩經》的〈大雅〉〈靈台〉說：『開始築靈臺，經營復經營，大家齊努力，很快便落成。王說不要急，百姓更賣力。王到鹿苑中，母鹿正安逸。母鹿光且肥，白鳥羽毛潔。王到靈沼上，滿池魚跳躍。』（這一段詩，便足以證明）周文王雖然用了百姓的力量來興建高臺深池，可是百姓非常高興，把那個臺叫『靈臺』，把那一個池沼叫『靈沼』，還高興他有許多種類的禽獸魚鼈。就因為他肯和老百姓一同快樂，所以他能得到真正的快樂。（至於夏桀卻與此相反。百姓怨恨他，他卻自比為太陽，說道；太陽什麼時候消滅，我便什麼時候死亡。）〈湯誓〉中便記載著老百姓的怨歌，『太陽呀！你什麼時候消滅呢？我寧願跟你一道死去！』作為國家的帝王，竟使百姓怨恨到不想再活下去的程度，他縱然有高臺深池，奇禽異獸，難道能夠獨自享樂嗎？」

◎①攻—攻，治也。就是工作的意思。

②不日—沒多少時日。

③經始勿亟，庶民子來—亟，急也。「經始勿亟」四字，是文王的言語。譯文加「王說」兩字。子來，譯為「更賣力」是意譯。

④麀鹿攸伏—麀（ㄧㄡ），母鹿。攸，同「所」字。伏，趙岐：「安其所而伏，不驚動也。」

⑤濯濯—肥胖而有光澤的樣子。

⑥鶴鶴—《詩經》作「翯翯」，兩字古相通。羽毛潔白的樣子。

⑦於牣—於（ㄨ）語首詞，無義。牣（ㄖㄣˋ）滿也。通仞。
⑧〈湯誓〉—《尚書》篇名之一。記載湯伐桀時誓師之詞。
⑨時日害喪—時，指示詞，此也。「害」，同「曷」，何也。這裡是「何時」的意思。或解為「何不」（以「害」為「盍」，不足信。）

（二）樂以天下　憂以天下

齊宣王見孟子於雪宮①。王曰：「賢者亦有此樂乎？」

孟子對曰：「有。人不得，則非其上矣。不得，而非其上者，非也；為民上而不與民同樂者，亦非也。樂民之樂者，民亦樂其樂，憂民之憂者，民亦憂其憂。樂以天下，憂以天下；然而不王者，未之有也。

昔者齊景公②問於晏子曰：『吾欲觀於轉附、朝儛③，遵海而南，放於琅邪④；吾何修而可以比於先王觀也？』晏子對曰：『善哉問也！天子適諸侯曰巡狩；巡狩者，巡所守也。諸侯朝於天子曰述職；述職者，述所職也。無非事者。春省耕而補不足；秋省斂而助不給。夏諺曰：『吾王不遊，吾何以休？吾王不豫⑤，吾何以助？一遊一豫，為諸侯度。』今也不然：師行而糧食；飢者弗食，勞者弗息。睊睊胥讒⑥，民乃作慝⑦。方命⑧虐民，飲食若流；流連荒亡，為諸侯憂⑨。從流下而忘反謂之流，從流上而忘反謂之連，從獸無厭謂之荒，樂酒無厭謂之亡。先王無流連之樂，荒亡之行。惟君所行也。」

「景公悅，大戒⑩於國，出舍於郊。於是始興發補不足。召大師⑪曰：『為我作君臣相說之樂！』蓋徵招、角招⑫是也。其詩曰：『畜君何尤⑬！』畜君者，好君也。」（梁惠王下、第四章）

【譯文】齊宣王在他的別墅雪宮接見孟子，齊宣王問：「有道德的賢人也有這種快樂嗎？」

孟子答道：「有的。如果他們得不到這種快樂，他們就會埋怨國王了。得不著這種快樂就埋怨國王的，是不對的。可是作為一國之主有快樂而不同他的百姓一同享受，也是不對的。以百姓的快樂為自己的快樂的，百姓也會以國王的快樂為自己的快樂；以百姓的憂愁為自己的憂愁的，百姓也會以國王的憂愁為自己的憂愁。和天下之人同憂同樂，這樣還不能使天下歸服於他的，是從來沒有的事。

從前齊景公問晏子說：『我想到轉附朝儛兩個山上去遊遊，然後沿著海岸向南行，一直到瑯琊。我應該怎麼辦才能夠和過去聖賢之君的巡遊相比擬呢？』　晏子答道：『問得好呀！天子到諸侯的國家去叫做巡狩。巡狩就是巡視各國諸侯所守的疆土的意思。諸侯去朝見天子叫述職。述職是報告在他職責內的工作的意思。沒有不和工作相結合的。春天裡巡視耕種情況，對貧窮農戶加以補助；秋天裡去考察收穫情況，對缺糧農戶加以補助。夏朝的諺語說：『我王不出來遊遊，我的休息向誰求？我王不出來走走，我的補助那裡會有？我的王遊遊走走，足以作為諸侯的法度。』現在可不是這樣了，國王一出巡，興師動眾，到處籌糧運米。飢餓的人得不到吃食，勞苦的人得不到休息。所有的人無不切齒側目，怨聲載道，而人們就要為非作歹了。（這樣出巡）違背天意，虐待百姓，大吃大喝，浪費飲食如同流水，流連忘返，荒亡無行，使諸侯都為此而憂愁。怎樣叫流連荒亡呢？由上游向下游的遊玩，樂而忘歸叫做流，由下游向上游的遊玩，樂而忘歸叫做連，無厭倦的打獵叫做荒，不知節制地喝酒叫做亡。過去的聖賢之君都沒有這種流連荒亡的行為。（頭一種是和工作相結合的巡行，後一種是只知自己快樂的流連荒亡。）您從事那一種，由您自己作決定吧！』

景公聽了，大為高興。先在都城內作好準備，然後駐紮郊外，拿出錢糧，救濟貧窮的人。景公又把樂官長叫來，對他說：『給我創作一首君臣同樂的樂曲！』這個樂曲就是徵招、角招、歌辭說：「這樣喜愛國君有什麼不對的呢？」

◎①齊宣王見孟子於雪宮—雪宮是齊宣王的離宮，相當於今日的別墅。譯文是齊宣王在雪宮接見孟子。但另一說是齊宣王招待孟子於雪宮而自己去看他。

②齊景公—春秋時齊國之君，姓姜，名杵臼。

③觀於轉附朝儛—觀，遊也。轉附，疑即今之芝罘島。朝儛，疑即今山東榮城縣東之召石山。

④瑯琊—山名，在今山東諸城縣東南。

⑤豫—義同「遊」。

⑥睊睊胥讒—睊睊（ㄐㄩㄢˋ），形容因忿恨側目而視的樣子。胥，皆也、相也。讒，毀謗也。

⑦慝—（ㄊㄜˋ）惡也。被虐人民的怨恨反抗（是必然的）但古代仍有認為是不對的。所以這裡用讒、慝二字。譯文也只好從之。

⑧方命—方，違反之意。命，上天的意旨。

⑨夏諺—從「吾王不遊……為諸侯憂。」都是韻語。「今也不然」句後之「師行而糧食，為諸侯憂。」也是韻語，疑亦是為夏諺。

⑩戒—舊注云：「備也」，但這不是「戒備」之意。而是「準備」的意思。讀如：《

詩》〈小雅、大田〉：「既種既戒，既備乃事」之「戒」。

⑪大師—讀為太師。古代樂官之長。

⑫徵招角招—徵（ㄓˇ）和角是古代五音（宮、商、角、徵、羽）中的兩個。招，同「韶」。

⑬尤—錯誤，過愆。

（二）與眾樂樂

莊暴見孟子曰：「暴見於王①，王語暴以好樂②，暴未有以對也。曰③：『好樂』，何如？」

孟子曰：「王之好樂甚，則齊國其庶幾④乎！」

他日⑤見於王曰：「王嘗語莊子以好樂，有諸？」王變乎色⑥，曰：「寡人非能好先王之樂也，直好世俗之樂耳！」

曰：「王之好樂甚，則齊其庶幾乎！今之樂，由古之樂也。」

曰：「可得聞與？」

曰：「獨樂樂，與人樂樂，孰樂？」

曰：「不若與人。」

曰：「與少樂樂，與眾樂樂，孰樂？」

曰：「不若與眾。」

「臣請為王言樂：今王鼓樂於此，百姓聞王鐘鼓之聲，管籥⑦之音，舉⑧疾首蹙頞⑨而相告曰：『吾王之好鼓樂，夫何使我至於此極也？父子不相見，兄弟妻子離散！』今王田獵⑩於此，百姓聞王車馬之音，見羽旄⑪之美，舉疾首蹙頞而相告曰：『吾王之好田獵，夫何使我至於此極也？父子不相見，兄弟妻子離散！』此無他，不與民同樂也。　今王鼓樂於此，百姓聞王鐘鼓之聲，管籥之音，舉欣欣然有喜色而相告曰：『吾王庶幾無疾病與！何以能鼓樂也？』今王田獵於此，百姓聞王車馬之音，見羽旄之美，舉欣欣然有喜色而相告曰：『吾王庶幾無疾病與！何以能田獵也？』此無他，與民同樂也。『今王與百姓同樂，則王矣。』」（梁惠王下、第一章）

【譯文】齊國的臣子莊暴來見孟子，說道：「我去朝見王，王告訴我，他愛好音樂，我不知道該怎樣回答。」接著又說：「愛好音樂，究竟好不好？」

孟子說：「王如果非常愛好音樂，那齊國會很不錯了。」

過了些時候，孟子謁見齊王，問道：「您曾經告訴莊暴，說您愛好音樂，有這回事嗎？」

齊王很不好意思的說：「我並非愛好古代的音樂，只是愛好一般流行的樂曲罷了。」

孟子說：「只要您愛好音樂，那齊國便會很不錯了。無論現在流行的音樂，或者古代音樂都是一樣的。」

齊王說：「這個道理可以說給我聽聽嗎？」

孟子說：「一個人單獨地欣賞音樂快樂，跟別人一起欣賞音樂也快樂，究竟那一種更快樂呢？」

齊王說：「當然跟別人一起欣賞更快樂。」

孟子說：「跟少數人欣賞音樂固然快樂，跟多數人欣賞音樂也快樂，究竟哪一種更快樂呢？」

齊王說：「當然跟多數人一起欣賞更快樂。」

孟子就馬上接著說：「那末，就讓我向您談談欣賞音樂和娛樂的道理吧。假使王在這兒奏樂，老百姓聽到鳴鐘擊鼓的聲音，又聽到吹簫奏笛的聲音，卻全都覺得頭痛，愁眉苦臉地互相議論：『我們國王這樣愛好音樂，為什麼使我們苦到這般地步呢？父子不能相見，兄弟妻子東逃西散！』假使王在這兒打獵，老百姓聽到車馬的聲音，看到儀仗的華麗，卻全都覺得頭痛，愁眉苦臉地互相議論：『我們的國王這樣愛好打獵，為什麼使我們苦到這般地步呢？父子不能見面，兄弟妻子東逃西散！』（為什麼百姓會這樣呢？）這沒有別的原因，就是因為王只圖自己快樂而不同大家一同娛樂的緣故。　假使王在這兒奏樂，百姓聽到鳴鍾擊鼓的聲音，又聽到吹簫奏笛的聲音，全都眉開眼笑地互相告訴：『我們國王大概很健康吧，要不這樣，怎麼能夠奏樂呢？』假使王在這兒打獵，老百姓聽到車馬的聲音，看到儀仗的華麗，全都眉開眼笑地互相告訴：『我們國王大概很健康吧，要不這樣怎麼能夠打獵呢？』（為什麼百姓會這樣呢？）這沒有別的原因，只是因為王同百姓一同娛樂了。如果王同百姓一同娛樂，就可以使天下歸附了。」

◎①暴見於王—王，是齊宣王。由上一章（梁惠王上第七章）和下一章所言都是齊宣王的事情而推知的。「暴見於王」和「莊暴見孟子」是不同的。一有介詞「於」字，一不用介詞。「見孟子」是「來看孟子。」「見於王」是「被王接見」。

②樂—一般解作「音樂」。也有解作「快樂」的。但細推全文，「鼓樂」連言，原意應是「音樂」。孟子以後又講到田獵，不過是由「音樂」引伸出來的又一比喻罷了。

③曰—一個人的話中間又加一「曰」字，是表示這個人說話之中有所停頓，表示「更端」，是古人修辭的體例。

④庶幾—差不多。用於積極方面。
⑤他日—直譯為「別的日子」，有時卻是表示在這以前的日子。所以得譯為「過了些時侯」。如「他日君出」。（梁下、第十六章）
⑥變乎色—直譯為「變了臉色」，譯文為譯其意。
⑦管籥—籥、同龠。管籥，如今天之笙簫一類的樂器。
⑧舉—副詞。皆、俱、全都。
⑨疾首蹙頞—蹙，（ㄘㄨˋ），頞（ㄜˋ），鼻莖、鼻樑。腦袋疼痛，縐著鼻樑。
⑩田獵—即打獵。
⑪羽旄—旗幟。此意譯為儀仗。

（丁）養民教民

（一）去關市之征

戴盈之①曰：「什一，去關市之征，今茲②未能，請輕之，以待來年，然後已，何如？」

孟子曰：「今有人日攘③其鄰之雞者，或告之曰：『是非君子之道。』曰：『請損之，月攘一雞，以待來年，然後已。』——如知其非義，斯速已矣，何待來年？」

（滕文公下、第八章）

【譯文】戴盈之說：「稅率十分抽一，免除關卡和商品的賦稅，今年還辦不到，預備先減輕一些，等到明年，然後完全實行，怎麼樣？」。孟子說：「現在有一個人每天偷鄰人一隻雞，有人告訴他說：『這不是正派人的行為。』他便說：『預備減少一些，先每一個月偷一隻，等到明年，然後完全不偷，』——如果知道這種行為不合道理，便趕快停止算了，為什麼要等到明年呢？」

◎①戴盈之——趙歧：「宋大夫。」

②今茲——猶言此時。

③攘——（ㄖㄤˇ）盜竊也。

（二）取於民有制

滕文公問為國。

孟子曰：「民事不可緩也。《詩》①云：『晝爾于茅②，宵爾索綯③；亟④其乘屋，其始播百穀。』民之為道也，有恆產者有恆心，無恆產者無恆心；苟無恆心，放辟邪侈，無不為已。及陷乎罪，然後從而刑之，是罔民也。焉有仁人在位，罔民而可為也？是故賢君必恭儉禮下，取於民有制。陽虎⑤曰：『為富，不仁矣；為仁，不富矣。』　夏后氏五十而貢；殷人七十而助；周人百畝⑥而徹：其實皆什一也。徹者，徹也；助者，藉⑦也。龍子⑧曰：『治地莫善於助，莫不善於貢。』貢者，挍⑨數歲之中以為常。樂歲粒⑩米狼戾⑪，多取之而不為虐，則寡取之；凶年糞其田而不足，則必取盈焉。為民父母，使民盻盻然⑫，將終歲勤動，不得以養其父母；又稱貸⑬而益之，使老稚轉乎溝壑，惡在其為民父母也？夫世祿，滕固行之矣。《詩》云：『雨⑭我公田，遂及我私。』惟助為有公田。由此觀之，雖周亦助也。」（滕文公上、第三章之一）

【譯文】滕文公問孟子治理國家的事情。

孟子說：「關心人民是最為急迫的事。《詩經》上說：『白天割取茅草，晚上絞成繩索，趕緊修繕房屋，到時播種五穀。』人民有一個基本情況；有一定的產業收入的人才有一定的道德觀念和行為準則，沒有一定的產業收入的人便不會有一定的道德觀念和行為準則。假若沒有一定的道德觀念和行為準則，就會胡作非為違法亂紀，什麼事都幹得出來。等到他們犯了罪，然後去加以處罰，這等於陷害。那有仁愛的人，坐了朝廷（王位）卻做出陷害老百姓的事情的呢？所以賢明之君，一定認真辦事、節省用度，有禮貌的對待臣下，尤其是徵收賦稅要有一定的制度。陽虎曾說過：『要發財致富便不能仁愛，要仁愛便不能發財致富。』。（古代的稅收制度大致是這樣的。）夏代每家五十畝地而行『貢法』，商朝每家七十畝地而行『助法』，周朝每家一百畝地而行『徹法』。（三種稅制雖然不同，）稅率都是十分抽一分。『徹』是『通』的意思，（因為那是在不同情況的通盤計算下貫徹十分之一的稅率；）『助』是借助的意思，（因為要借助於人民的勞力來耕種公有土地。）古代一位賢者龍子說過：『田稅最好是助法，最不好是貢法。』貢法是比較若干年的收成得一個定數。（不分豐收和災荒，都按這一定數徵收。）豐收年成，到處是穀物，多徵收一點也不算苛暴，卻並不多收；災荒年成，每家的收穫甚至還不夠第二年施肥的費用，也非收滿那一定數不可。一國的君主號稱百姓的父母，卻使百姓整年地辛苦勞動，而結果是連養活他自己的父母親都不能夠，還得借高利貸來湊足納稅數字，終於一家的老小拋屍露骨於山溝之中，那麼作為百姓父母的作用又在那裡？做大官的人都有一定的田租收入，子孫相傳，這一辦法，滕國早就實行了，（為什麼百姓都不能有一定的

田地收入呢？）周朝的一篇詩上說：『雨先下到公田裡，然後再下到私田！』只有助法才有公

有田，從這點來看，就是周朝，也是實行助法的。」

◎①詩云—有作『詩曰』者，誤。此引《詩經》〈豳風、七月〉。

②于茅—于，往也，茅作動詞用，取茅之意。

③索綯—索，動詞，用手搓摩。亦謂之絞。綯，名詞，繩索。

④亟其乘屋—〈鄭詩箋〉云：「亟」，急；乘，治也。

⑤陽虎—即論語中之陽貨，魯正卿季氏之總管，一度挾持季氏，專魯國政，失敗後出亡。

⑥五十，七十，百畝—只是孟子假託古史以闡述自己的理想，古史自然不如此。清代有些學者信以為真，紛紛出來作解釋。顧炎武《日知錄》以為「特丈尺之不同，而田未嘗易也」。來彌縫其闕，殊可不必。

⑦藉—借也。猶人相借力助之也。

⑧龍子—古賢人。《尚書》〈大傳甫刑〉有「子龍子」。孔叢子〈論書〉亦有其人。疑即「龍子」。

⑨挍—或作校，古書上，挍，校經常被混亂。意思相同。

⑩粒—名詞，穀米也。

⑪狼戾—雙聲區別詞。趙岐云：「猶狼藉也」。
⑫盻盻然—趙岐云：「勤苦不休息貌。」盻（ㄒㄧˋ）
⑬稱—舉也。
⑭雨我公田二句—雨（ㄩˋ），作動詞用。詩句見《詩經》〈小雅、大田〉

（三）行仁政　自經界始

使畢戰①問井地②。

孟子曰：「子之君將行仁政，選擇而使子，子必勉之！夫仁政，必自經界③始。經界不正，井地不鈞④，穀祿⑤不平，是故暴君汙吏必慢其經界。經界既正，分田制祿可坐而定也。夫滕，壤地褊小，將為⑥君子焉，將為野人焉。無君子，莫治野人；無野人，莫養君子。請野九一而助，國中什一使自賦。卿以下必有圭田⑦，圭田五十畝；餘夫二十五畝⑧死徙無出鄉，鄉田同井，出入相友，守望相助，疾病相扶持，則百姓親睦。方里而井，井九百畝，其中公田。八家皆私百畝　同養公田；公事畢，然後敢治私事，所以別野人也。此其大略也；若夫潤澤之，則在君與子矣。」（滕文公

上、第三章之二)

【譯文】滕文公使畢戰向孟子問井田制。

孟子說：「你的君準備實行仁政，選擇你來問我，你一定要好好幹！實行仁政，一定要從劃分整理田界開始。田界劃分得不正確，井田的大小就不均勻，作為俸祿的田租收入也就不會公平合理，所以暴虐的君王以及貪官汙吏一定要打亂正確的田間限界。田間限界正確了，分配人民以田地，制定官吏的俸祿，都可以毫不費力地作出決定了。滕國的土地狹小，卻也得有官吏和勞動人民。沒有官吏，便沒有人管理勞動人民；沒有勞動人民，也沒有人養活官吏。我建議：郊野用九分抽一的助法，城市用十分抽一的貢法。公卿以下的官吏一定有供祭祀的圭田，每家五十畝；如果他家還有剩餘的勞動力，便每一勞動力再給二十五畝。無論埋葬或者搬家，都不離開本鄉本土。共一井田的各家，平日出入，互相友愛；防禦盜賊，互相幫助；一有疾病，互相照顧，那末百姓之間便親愛和睦了。辦法是：每一方里的土地為一個井田，每一井田有九百畝，當中一百畝是公有田，以外八百畝分給八家作私有田。這八家共同來耕種公有田。先把公有田耕種完畢，再來料理私人的事務，這就是區別官吏與勞動人民的辦法。這不過是一個大概，至於怎樣去修飾調度，那就在於你的君和你本人了。」

◎①畢戰—趙岐云：「滕臣也。」

②井地—即井田。

③經界—趙岐云：「經亦界也。」則「經界」為同義複詞。

④鈞—「鈞」、「均」古字通用。

⑤穀祿—亦為同義複詞，古人俸祿用穀，所以穀有祿義。

⑥為—趙岐云：「為，有也。」

⑦圭田—趙岐云：「圭，絜（潔）也。」《禮記》〈王制〉「夫圭田無征」。孔穎達正義云：「圭，潔也。士以潔白而升，則與以圭田，使供祭祀；若以不潔白而黜，則收其田里，故士無田則不祭。有田以表其潔，無田以罰其不潔也。」或謂零星不井者曰圭田；亦有謂圭即畦字，五十畝曰畦。今從趙岐說。

⑧餘夫二十五畝—此句承上圭田而言，恐不能和《周禮》〈遂人〉「餘夫亦如之」的「餘夫」（一般農民家的餘夫）一例看待。

（四）謹庠序之教

「設為庠、序、學、校①以教之：庠者，養也；校者，教也，序者，射也②。夏曰校，殷曰序，周曰庠；學則三代共之。皆所以明人倫也。人倫明於上，小民親於下。有王者起，必來取法，是為王者師③也。《詩》云：『周雖舊邦，其命維新。』文王之謂也。子力行之，亦以新子之國。」（滕文公上、第三章之二）

【譯文】孟子說（人民生活有著落了，）便要興辦「庠」、「序」、「學」、「校」來教育他們。「庠」是教養的意思，「校」、是教導的意思，「序」是陳列的意思，（陳列實物以便施實物教育）。（地方學校，）夏代叫「校」，商代叫「序」，周代叫「庠」，至於大學，三代都叫「學」。那目的都是闡明並教導人民以人與人間的各種必然關係，以及相關的各種行為準則。人與人的關係以及行為準則，諸侯卿大夫士都明白了，小百姓自然會親密地團結在一起。如果有聖王興起，一定會來學習仿效，這樣便做了聖王的老師了。《詩經》〈大雅・文王〉說：『歧周雖然是一個古老的國家，國運卻充滿著新的氣象。』這是贊美文王的詩句。你努力實行吧，也來使你的國家氣象一新！」

◎①庠、序、校—都是古代鄉里學校的名稱。《儀禮》、《周禮》、《禮記》、《左

傳》均有記載。故譯文。加上「地方學校」諸字

②庠者、養也；序者、射也—養、射皆是教導之名。

③為王者師—朱熹：「滕國褊小，雖行仁政，未必能興王業；然為王者師，則雖不有天下，而其澤亦足以及天下矣。」

（五）養生喪死　王道之始

梁惠王曰：「寡人之於國也，盡心焉耳矣！河內凶，則移其民於河東①，移其粟於河內；河東凶，亦然。察鄰國之政，無如寡人之用心者；鄰國之民不加少②，寡人之民不加多，何也？」

孟子對曰：「王好戰，請以戰喻：填然鼓之③，兵刃既接，棄甲曳兵④而走⑤，或百步而後止，或五十步而後止；以五十步笑百步，則何如？」

曰：「不可，直⑥不百步耳，是亦走也！」

曰：「王如知此，則無望民之多於鄰國也。不違農時，穀不可勝⑦食也；數⑧罟不入洿池⑨，魚鱉不可勝食也；斧斤⑩以時入山林，材木不可勝用也。穀與魚鱉⑫不

可勝食，材木不可勝用，是使民養生喪死無憾也，養生喪死無憾⑪，王道之始也。五畝之宅，樹之以桑，五十者可以衣⑫帛矣；雞豚狗彘之畜⑬，無失其時，七十者可以食肉矣；百畝之田，勿奪其時。數口之家，可以無飢矣；謹庠序之教，申⑭之以孝悌之義，頒白⑮者不負戴⑯於道路矣。七十者衣帛食肉，黎民⑰不飢不寒，然而不王⑱者，未之有也」。狗彘食人食而不知檢⑲，塗有餓莩⑳而不知發。人死，則曰：『非我也，歲也。』是何異於刺人而殺之，曰：『非我也，兵也。』王無㉑罪歲，斯㉒天下之民至焉。」

（梁惠王上、第三章）

【譯文】梁惠王（對孟子）說：「我對於國家，真是費盡心力了。河內地方如果遭了饑荒，我便把那裡的一部分百姓遷移到河東，同時把河東一部分糧食運到河內。假如河東遭了饑荒也是這樣辦的。我曾經考察過鄰國的政治，沒有一個國家能像我這樣替百姓打算的。可是，那些國家的百姓並不因此減少，我的百姓並不因此加多，這是什麼緣故呢？」

孟子答道：「王喜歡戰爭，那就讓我用戰爭來打個比喻吧。戰鼓鼕鼕一響，刀槍一接觸，就拋下盔甲拖著兵器向後逃跑。有的一口氣跑了一百步停住腳，有的一口氣跑了五十步停住腳，那些跑五十步的戰士竟來恥笑跑一百步的戰士，（說他膽子小，怕死，）行不行？」

王說：「不行！只不過他沒有跑到一百步罷了，但這也是逃跑呀！」

孟子說：「王如果懂得這個道理，那就不要再希望你的百姓比鄰國多了。如果在農民耕種收穫的季節，不去（徵兵徵工）妨礙生產，那糧食便會吃不盡了。如果細密的魚網不到大的池沼裡去捕魚，那魚類也會吃不完了。如果砍伐樹木有一定的時間，木材也會用不盡了。糧食和魚類吃不完，木材用不盡，這樣便使老百姓對生養死葬沒有什麼不滿。百姓對生養死葬沒有什麼不滿，就是王道的開始。在五畝的宅園中，種植桑樹，那麼，五十歲以上的人都可以穿上絲棉的衣服了。雞狗與豬等等家畜都有飼料和工夫去飼養，那麼，七十歲以上的人都可以有肉吃了。一家百畝的耕地，不要妨礙他們的生產，那麼，幾口人的家庭可以吃得飽飽的了。好好地辦些學校，反覆地用孝順父母友愛兄弟的大道理訓導他們，那麼，人人都會敬老尊賢，為老人服務，鬢髮花白的人也就不會頭頂著、背負著重的物件在路上行走了。七十歲以上的人有絲綿衣服穿、有肉吃，一般百姓餓不著、凍不著，這樣還不能使天下歸服的，是從來不會有的事。（現在的情況卻不如此。）富貴人家的豬狗吃掉了百姓的糧食，卻不加以檢查和制止。道路上有餓死的人，卻不曾想到應該打開倉廩加以賑救。老百姓死了，竟然說道，『這不是我的罪過，而是年成不好的緣故。』這種說法和拿著刀子殺死了人，卻說這不是我殺的，是兵器殺的，又有什麼不同呢？王假若不去歸罪於年成，而從政治上的根本改革著手，這樣，別的國家的老百姓就都會來投奔了。」

◎①河內、河東—魏國的河東，今山西省安邑縣一帶；河內地，即黃河北岸的土地，今河南省濟源縣一帶。

②加少—減少。

③鼓之—鼓、此作不及物動詞用，其下不當有賓語，這「之」字不是賓語，只是用來湊足一個音節罷了。

④兵—兵器，不是戰士的意思。

⑤走—古代慢走叫步，快快走叫趨，比趨更快，相當於跑叫做走。此是「逃跑」的意思。

⑥直—只是，不過。

⑦勝—（ㄕㄥ）盡也。

⑧數—數（ㄘㄨˋ）細也、密也。

⑨洿池—洿（ㄨ）大也，《廣雅》〈釋詁〉：「洿、深也。」亦通。

⑩斧斤—斤、是斧的一種。《逸周書》〈大聚解〉：「禹之禁，春三月，山林不登斧斤。」《周禮》〈山虞〉：「仲冬斬陽木，仲夏斬陰木。」《禮記》〈王制〉：「草木零落，然後入山林。」可見古人砍伐樹木有一定的時間。

⑪憾—（ㄏㄢˋ）恨也，不滿也。

⑫衣—（一ˋ）穿也。

⑬雞豚狗彘之畜，無失其時—《淮南子》〈主術訓〉：「魚不長尺不得取，彘不期年不得食。」此大概是說：「不准吃食小雞小狗小豬。」趙岐：「言孕字不失時也。」亦通。但譯文是體會孟子本文的原意譯之。豚是小豬，只能殺來祭祀用。所以這裡既言彘、又言豚。

⑭申—一而再、再而三叫申。故用「反覆訓導」譯之。

⑮頒白—鬚髮半白，也作斑白。

⑯負戴—負、背負，戴、頂在頭上。

⑰黎民—老百姓。

⑱王—（ㄨㄤˋ）以仁德的政治來統治天下。

⑲狗彘食人食而不知檢—據清初閻若璩《四書釋地三續》云：「古雖豐穰，未有以人食予狗彘者，狗彘食人食，即『庖有肥肉』之意。檢，《漢書》〈食貨志〉作斂。意思是收成好，穀賤傷農，政府便當平價收買，免得用以飼養狗彘。此與李悝的「平糴」，管子的「國蓄」同意。

⑳莩—（ㄆㄧㄠˇ）餓死的人，同殍。
㉑無—同「毋」，禁止副詞。
㉒斯—連詞，「這就」的意思。

（六八）惡在其為民父母

梁惠王曰：「寡人願安①承教。」

孟子對曰：「殺人以梃與刃，有以異乎？」

曰：「無以異也。」

②「以刃與政，有以異乎？」

曰：「無以異也。」

曰：「庖有肥肉，廄③有肥馬，民有飢色，野有餓莩，此率獸而食人也。獸相食，且④人惡之；為民父母，行政，不免於率獸而食人，惡⑤在其為民父母也？仲尼⑥曰：『始作俑者⑦，其無後乎！』為其象⑧人而用之也。如之何其使斯民飢而死

也？」（梁惠王上、第四章）

【譯文】梁惠王對孟子說道：「我很高興聽到您的指教。」

孟子答道：「用木棒打死人和用刀子殺死人，有什麼不同？」

王說：「沒有什麼不同。」

（孟子緊接著說）：「用刀子殺死人和用政治害死人，有什麼不同嗎？」

王說：「也沒有什麼不同。」

孟子又說：「現在您的廚房裡有皮薄膘肥的肉，您的馬攔裡有健壯的馬，可是老百姓面帶飢色，野外躺著餓死的屍體，這等於是在上位的人率領著猛獸來吃人。獸類自相殘殺，人尚且厭惡它；做老百姓父母官的，主持政治，卻不免於率領猛獸來吃人，那又怎麼能做老百姓的父母官呢？孔子說過，『第一個造作木偶土偶來殉葬的人，該會絕子絕孫斷絕後代吧！』（為什麼孔子這樣痛恨呢？）就是因為木偶土偶很像人形，卻用來殉葬。（用像人形的土、木偶來殉葬，尚且不可；）又怎麼可以使老百姓活活地餓死呢？」

◎①安—樂意的意思。

②這裡省去了「曰」字，譯文以（緊接著說）明顯表示出來。對話中此一體例很多。

孟子用得不少。

③廄—（ㄐㄧㄡˋ）馬欄。

④且—副詞。「尚且」的意思。依今天的辭序，當作「人且惡之」。

⑤惡—（ㄨ）何也。此用作疑問副詞。

⑥仲尼—孔子之字。

⑦俑者—俑（ㄩㄥˇ）用以代替用活人陪葬的土、木偶。

⑧象—同「像」。

四、君臣民

（一）民貴 君輕

孟子曰：「民為貴，社稷次之，君為輕。是故，得乎丘民①而為天子；得乎天子為諸侯；得乎諸侯為大夫。諸侯危社稷②，則變置。犧牲既成，粢盛既絜，祭祀以時，然而旱乾水溢，則變置社稷。」（盡心下、第十四章）

【譯文】孟子說：「百姓最為重要，社稷次之，君主為輕。所以得著百姓的歡心便做天子，得著天子的歡心便做諸侯，得著諸侯的歡心便做大夫。諸侯危害國家，那就改立。犧牲既已肥壯，祭品又已潔淨，也依一定的時候致祭，但是還遭受旱災水災，那就改立土穀之神。」

◎①丘民—丘，眾也。或謂：「丘」借為「區」，小也。
②社稷—本義是土穀之神，此作國家之代稱。

㈡天視自我民視

萬章曰：「堯以天下與舜，有諸？」
孟子曰：「否；天子不能以天下與人。」
「然則舜有天下也，孰與之？」
曰：「天與之。」

「天與之者，諄諄①然命之乎？」

曰：「否；天不言，以行與事示之而已矣。」

曰：「以行與事示之者，如之何？」

曰：「天子能薦人於天，不能使天與之天下；諸侯能薦人於天子，不能使天子與之諸侯；大夫能薦人於諸侯，不能使諸侯與之大夫。昔者，堯薦舜於天，而天受之；暴②之於民，而民受之；故曰，天不言，以行與事示之而已矣。」

曰：「敢問薦之於天，而天受之；暴之於民，而民受之，如何？」

曰：「使之主祭，而百神享之，是天受之；使之主事，而事治，百姓安之，是民受之也。天與之，人與之，故曰，天子不能以天下與人。舜相堯二十有八載，非人之所能為也，天也。堯崩，三年之喪畢，舜避堯之子於南河③之南，天下諸侯朝覲者，不之堯之子而之舜；訟獄④者，不之堯之子而之舜；謳歌者，不謳歌堯之子而謳歌舜，故曰，天也。夫然後之中國⑤，踐天子位焉。而⑥居堯之宮，逼堯之子，是篡也，非天與也。《太誓》曰，『天視自我民視，天聽自我民聽⑦』，此之謂也。」

（萬章上、第五章）

【譯文】萬章問道：「堯拿天下授與舜，有這麼回事嗎？」

孟子答道：「不；天子不能夠拿天下授與人。」

萬章又問：「那麼，舜得到了天下，是誰授與的呢？」

答道：「天授與的。」

又問道：「天授與的，是反復叮嚀地告誡他的嗎？」

答道：「不是；天不說話，拿行動和工作來表示罷了。」

問道：「拿行動和工作來表示，是怎樣的呢？」

答道：「天子能夠向天推薦人，卻不能強迫天把天下給與他；（正如）諸侯能夠向天子推薦人，卻不能強迫天子把諸侯的職位給與他；大夫能夠向諸侯推薦人，卻不能強迫諸侯把大夫的職位給與他。從前，堯將舜推薦給天，天接受了；又把舜公開介紹給百姓，百姓也接受了；所以說，天不說話，拿行動和工作來表示罷了。」

問道：「推薦給天，天接受了；公開介紹給百姓，百姓也接受了，這是怎麼樣的呢？」

答道：「叫他主持祭祀，所有神明都來享用，這便是天接受了；叫他主持工作，工作得很好，百姓很滿意他，這便是百姓接受了。天授與他，百姓授與他，所以說，天子不能夠拿天下授與人。舜幫助堯治理天下，一共二十八年，這不是某一人的意志所能做到的，而是天意。

堯死了，三年之喪完畢，舜為著要使堯的兒子能夠繼承天下，自己便逃避到南河的南邊去。可是，天下諸侯朝見天子的，不到堯的兒子那裏，卻到舜那裏；打官司的，也不到堯的兒子那裏，卻到舜那裏；歌頌的人，也不歌頌堯的兒子，卻歌頌舜，所以說，這是天意。這樣，舜才回到首都，坐了朝廷。如果自己居住於堯的宮室，逼迫堯的兒子（讓位給自己），這是篡奪，而不是天授了。《太誓》說過：『百姓的眼睛就是天的眼睛，百姓的耳朵就是天的耳朵。』正是這個意思。」

◎①諄諄—《說文》：「諄，告曉之孰（熟）也。」《詩》〈大雅、抑〉：「誨爾諄諄。」《廣韻》云：「諄，告之丁寧。」

②暴—（ㄅㄨˋ），朱熹云：『顯也。』

③南河—《史記正義》引《括地志》云：「故堯城在濮州鄄城縣東北十五里，又有偃朱故城，在縣西北十五里。濮州北臨漯大川也，河在堯都之南，故曰南河，《禹貢》『至于南河』是也。其偃朱城所居，即舜讓避丹朱於南河之南處也。」按偃朱故城在今山東濮縣東二十五里，本名朱家阜。

④訟獄—經傳多作『獄訟』，如《周禮》〈地官大司徒〉云：「凡民之不服教而有獄訟者。」此作『訟獄』，與「獄訟」同為同義複詞。趙岐云，「訟獄，獄不能決

罪，故訟之。」以「訟獄」為動賓結構，實誤。

⑤之中國—《文選》〈陸機答賈長淵詩〉引此文作「歸中國」，可能是依上文「避於南河之南」之意，因以「歸」釋「之」，譯文從之。又《史記》〈堯紀正義〉引劉熙云：「帝王所都為中，故曰中國。」

⑥而—同「如」。說見王引之《經傳釋詞》。

⑦《太誓》至民聽—今本《太誓》為梅氏偽古文，此兩語亦為所採。『天視自我民視』兩句譯文用意譯法。

（三）　禪與繼　其義一也

萬章問曰：「人有言，『至於禹而德衰，不傳於賢，而傳於子①。』有諸？」

孟子曰：「否，不然也；天與賢，則與賢；天與子，則與子。昔者，舜薦禹於天，十有七年，舜崩，三年之喪畢，禹避舜之子於陽城②，天下之民從之，若堯崩之後不從堯之子而從舜也。禹薦益於天，七年，禹崩，三年之喪畢，益避禹之子於箕山之陰③。朝覲訟獄者不之益而之啟④，曰，『吾君之子也。』謳歌者不謳歌益而謳歌啟，曰，『吾君之子也。』丹朱⑤之不肖，舜之子亦不肖。舜之相堯、禹之相舜也，歷年多，施澤於民久。啟賢，能敬承繼禹之道。益之相禹也，歷年少，施澤於民未久。舜、禹、益相去久遠⑥，其子之賢不肖，皆天也，非人之所能為也。莫之為而為者，天也；莫之致而至者，命也。匹夫而有天下者，德必若舜禹，而又有天子薦之者，故仲尼不有天下。繼世以有天下，天之所廢，必若桀紂者也，故益、伊尹、周公不有天下。伊尹相湯以王於天下，湯崩，太丁未立，外丙二年，仲壬⑦四年，太甲顛覆湯之典刑，伊尹放之於桐⑧，三年，太甲悔過，自怨自艾，於桐處仁遷義，三年，以聽伊尹之訓己也，復歸于亳⑨。周公之不有天下，猶益之於夏、伊尹之於殷也。孔子曰，「唐虞禪，夏后殷周繼，其義一也。」』（萬章上、第六章）

【譯文】萬章問道：「有人說，『到禹的時候道德就衰微了，天下不傳給賢聖的人，卻傳給自己的兒子。』這樣的話可靠麼？」

孟子答道：「不，不是這樣的；天要授與賢聖的人，便授與賢聖的人；天要授與君主的兒子，便授與君主的兒子。從前，舜把禹推薦給天，十七年之後，舜死了，三年之喪完畢，禹為著要讓位給舜的兒子，自己便躲避到陽城去。可是，天下百姓的跟隨禹，正好像堯死了以後他們不跟隨堯的兒子卻跟隨舜一樣。禹把益薦給天，七年之後，禹死了，三年之喪完畢，益又為著讓位給禹的兒子，自己便躲避到箕山之北去。當時朝見天子的人，打官司的人都不去益那裡，而去啟那裡，說道：『他是我們君主的兒子呀。』歌頌的人也不歌頌益，而歌頌啟，說道：『他是我們君主的兒子呀。』堯的兒子丹朱不好，舜的兒子也不好。而且，舜的幫助堯，禹的幫助舜，經過的年歲多，對百姓施與恩澤的時間長。（啟和益就不同。）啟很賢明，能夠認真地繼承禹的傳統。益幫助禹，經過的年歲少，對百姓施與恩澤的時間短。舜、禹、益之間相距時間的長短，以及他們兒子的好壞，都是天意，不是人力所能做到的。沒有人叫他們這樣做，而竟這樣做了的，便是天意；沒有人叫他來，而竟這樣來了的，便是命運。以一個老百姓而竟得到天下的，他的道德必然要像舜和禹一樣，而且還要有天子推薦他，所以孔子（雖是聖人，因沒有天子的推薦，）便不能得到天下。世代相傳而得到天下的，天所要廢棄的，一定要像夏桀商紂那樣殘暴無德的，所以益、伊尹、周公（雖是聖人，因為所逢的君主不像桀紂，）便不能得到天下。伊尹幫助湯統一了天下，湯死了，太丁未立就死了，外丙在位二年，仲壬在位四年，（太丁的兒子太甲又繼承王位。）太甲破壞了湯的法度，伊尹便流放他到桐邑，三年之後，太甲悔過，自己怨恨，自己改悔，就在桐邑，便能夠以仁居心，唯義是從，三年之後，完全聽從伊尹對自己的教訓了，然後又回到亳都做天子。周公的不能得到天下，正好像益的在夏朝、伊尹的在殷朝一樣。孔子說過，『唐堯虞舜以天下讓賢，夏商周三代卻世世代代傳於子孫，道理是一樣的。』」

◎①人有言至傳於子—翟灝《四書考異》云：「《新序》〈節士篇〉，『禹問伯成子高曰：昔者堯治天下，吾子立為諸侯；堯授舜，吾子猶存焉；及吾在位，子辭諸侯而耕，何故？』子高曰：『昔堯之治天下，舉天下而傳之他人，至無欲也；擇賢而與之，至公也。舜亦猶然。今君之所懷者私也，百姓知之，貪爭之端自此始矣；德自此衰，刑自此繁矣。吾不忍見，以是野處也。』《韓非子》〈外儲說〉，『潘壽對燕王曰，禹愛益而任天下於益，已而以啟入為吏。及老，而以啟為不足任天下，故傳天下於益，而勢重盡在啟也。已而啟以友黨攻益而奪之天下。是禹名傳天下於益，而實令啟自取之也。此禹之不及堯舜明矣。』萬章所謂人言，蓋此等言也。」按《晉書》〈束晳傳〉引《竹書紀年》云：「益干啟位，啟殺之。」此又一異說。

②陽城—山名，在今河南登封縣北三十八里，閻若璩《四書釋地》以為禹避於此。又邑名，在今河南登封縣東南三十五里，今為告成鎮，《清一統志》以為禹避於此。

③箕山之陰—《史記》〈夏本紀〉作「箕山之陽」。山北曰陰。箕山在今河南登封縣東南。

④啟—禹之子，古書亦作「開」。啟之為人，孟子以為賢，但考之《楚辭》、《墨子

》、《竹書紀年》、《山海經》諸書，未必為賢主。《楚辭》〈離騷〉云：「啟九辯與九歌兮，夏康娛（「康娛」二字連讀，此二字連文，《楚辭》屢見，以「夏康」連文者誤。）以自縱。不顧難以圖後兮，五子用失乎家巷。」〈天問〉云：「啟代益作后，卒然離蠥（ㄋㄜˋ），何啟惟憂？而能拘是達？」又云：「啟棘賓商，九辯九歌，何勤子屠母，而死分竟地？」《墨子》〈非樂篇〉引《武觀》云：「啟乃淫溢康樂，野於飲食，將將銘莧磬以力（此句有脫誤），湛濁于酒，渝食于野，萬舞翼翼，章聞于大，天用弗式。」《山海經大荒西經》云：「有人珥兩青蛇，乘兩龍，名曰夏后開。開上三嬪於天，得九辯與九歌以下，此大穆之野高二千仞，開焉得始歌〈九招〉？」與儒家所傳者不同。皮錫瑞云：「孟子以為賢者，為世立教耳。」（王先謙《尚書孔傳參正》卷七）

⑤丹朱——本名朱，後封於丹，故稱丹朱。說見閻若璩《四書釋地續》。

⑥舜禹益相去久遠——意謂三人之相距有久有不久，此『久遠』包括「暫短」而言。原意本謂舜相堯二十八年，禹相舜十七年，皆久遠者；益相禹則只七年而禹死，比之舜、禹，則短暫矣。

⑦外丙、仲壬——卜辭作『卜丙』、『中壬』。

⑧桐——《史記正義》引《晉太康地記》云：「尸鄉南有亳坂，東有城，太甲所放處

也。」尸鄉在今河南偃師縣西南五里。閻若璩《釋地又續》以山西榮河縣（其百祥村西有湯陵，恐屬附會）為太甲所放處。恐非。

⑨亳—（ㄅㄛˊ），當在今河南偃師縣西，亦曰尸鄉。

（四）君視臣如手足

孟子告齊宣王曰：「君之視臣如手足，則臣視君如腹心；君之視臣如犬馬，則臣視君如國人；君之視臣如土芥，則臣視君如寇讎。」王曰：「禮，為舊君有服①。何如斯可為服矣？」曰：「諫行，言聽，膏澤下於民；有故而去，則君使人導之出疆，又先於其所往②；去三年不反，然後收其田里；此之謂三有禮焉。如此，則為之服矣。今也為臣，諫則不行，言則不聽，膏澤不下於民；有故而去；則君搏執之，又極③之於其所往；去之日，遂收其田里；此之謂寇讎；寇讎，何服之有？」（離婁下、第三章）

【譯文】孟子告訴齊宣王說：「君主把臣下看待如同自己的手足，那臣下就會把君主看待為自己的腹心；君主把臣下看待如同犬馬，那臣下就會把君主看待如同一般人；君主如果把臣下看待為泥土草芥，那臣下就會把君主看待為仇敵。」

王說：「禮制規定，已經離職的臣下對過去的君主還得服一定的孝服，君主怎樣對待臣下，臣下才會為他服孝呢？」

孟子說：「諫，他接受照辦了；建議，他聽從了；政治上的恩惠下達到老百姓，有什麼事故不得不離開，那君主一定派人引導他離開國境，並且先派人到他要去的地方作一番佈置；離開了三年還不回來，才收回他的土地房屋。這叫做三有禮。這樣做，臣下就會為他服孝了。如今做臣下，勸諫、不被接受；建議、不被聽從；政治上的恩惠到不了百姓；有什麼事故不得不離開，君主把他抓起來；他去到一個地方，還想方設法使他窮困萬分；離開那一天，就收回他的土地房屋，這叫做仇敵。對仇敵一樣的舊君，臣下還服什麼孝呢？」

◎①禮為舊君有服──《儀禮》〈喪服〉亦有大夫為舊君服齊（ㄗ）衰（ㄘㄨㄟ）三月之文。

②先──先去佈置之意。

③極──此有「困窮」義。是使動用法。

（五）諫不聽 則易位

齊宣王問卿。孟子曰：「王何卿之問也？」

王曰：「卿不同乎？」

曰：「不同。有貴戚之卿①，有異姓之卿。」

王曰：「請問貴戚之卿？」

曰：「君有大過則諫，反覆之而不聽，則易位。」

王勃然變乎色。

曰：「王勿異也。王問臣，臣不敢不以正②對。」

王色定，然後請問異姓之卿。

曰：「君有過則諫，反覆之而不聽，則去。」（萬章下、第九章）

【譯文】齊宣王問關於公卿的事情。孟子說：「王所問的公卿是那一類的呢？」

王說：「公卿難道還不一樣的嗎？」

孟子說：「不一樣。有和王室同宗族的公卿，有非王族的公卿。」

王曰：「請問和王室同宗族的公卿。」

孟子說：「君王有重大錯誤，他便加勸阻；如果反覆勸阻了還是不聽從，就把他廢棄，改立別人。」

宣王突然變了臉色。

孟子說：「王不要奇怪，王問我，我不敢不拿老實話答覆。」

宣王臉色正常了，又請問非王族的公卿。

孟子說：「對君主若有錯誤，便加勸阻，如果反覆勸阻了還不聽從，自己就離職。」

◎①貴戚之親—趙岐：「貴戚之親謂內外親族也。」此說值得商確。以漢代而言，外戚當權，可謂「貴戚之親。」霍光廢昌邑王，改立宣帝，但不能以之解釋《孟子》。《孟子》此文以「貴戚之親」與「異姓之親」對舉，則「貴戚」為同姓。覈之儒家所傳宗法制度，亦當如此解釋，「外戚」不在「貴戚之親」之內。

②正—《論語述而篇》：「正為弟子不能學也。」鄭玄注：「魯讀『正』為『誠』。」此處亦當讀為「誠」。

(六八)聞誅一夫

齊宣王問曰：「湯放桀①，武王伐紂②，有諸？」

孟子對曰：「於傳③有之。」

曰：「臣弒④其君可乎？」

曰：「賊仁者謂之『賊』，賊義者謂之『殘』；殘賊之人，謂之『一夫⑤』。聞誅一夫紂矣，未聞弒君也。」（梁惠王下、第八章）

【譯文】齊宣王問道：「商湯流放夏桀，武王討伐殷紂，真有這回事嗎？」

孟子答道：「史籍上有這樣的記載。」

宣王說：「作臣子的殺掉他的君王，這是可以的嗎？」

孟子說：「破壞仁愛的人叫做『賊』，破壞道義的人叫做『殘』。這樣的人，我們叫他作『獨夫』。我只聽說過周武王誅殺了獨夫殷紂，沒有聽說過他是以臣弒君的。」

◎①湯放桀──湯是殷商的開國之君。古代傳說，夏桀暴虐，商興兵討伐他，把他流放到南巢（今安徽巢縣東北五里的居巢故城有其遺跡。）

②武王伐紂—商紂王無道，周武王捧著文王的木主興兵討伐，紂王大敗，自焚而死。

③傳—（ㄓㄨㄢˋ）傳記也。

④弒，誅—這兩個詞，各含有褒貶。臣下無理殺死君王，兒女殺死父母用「弒」字。誅則不然，合乎正義，討殺罪犯，使用「誅」字。

⑤一夫紂—同「獨夫紂」。「一夫」，「獨夫」，都是失掉了群眾成為孤立者的意思。

（七）得民心　則得天下

孟子曰：「桀、紂之失天下也，失其民也；失其民者，失其心也。得天下有道：得其民，斯得天下矣。得其民有道：得其心，斯得民矣。得其心有道：所欲與之聚之①，所惡勿施，爾也②。　民之歸仁也，猶水之就下，獸之走壙③也。故為淵毆魚④者，獺也；為叢毆爵⑤者，鸇也；為湯、武毆民者，桀與紂也。今天下之君有好仁者，則諸侯皆為之毆矣；雖欲無王，不可得已。　今之欲王者，猶七年之病，求三年之艾也⑥。苟為不畜，終身不得。苟不志於仁，終身憂辱，以陷於死亡。《詩》⑦云：『其何能淑？載胥及溺。』此之謂也。」（離婁上，第九章）

【譯文】孟子說：「桀和紂的喪失天下，是由於失去了百姓的支持；他們的失去百姓的支持，是由於失去了民心。獲得天下百姓的支持有方法：獲得了民心，獲得百姓的支持了；獲得民心也有方法：他們所希望的，替他們聚積起來；他們所厭惡的，不要加在他們的頭上，如此罷了。百姓向仁德仁政歸附，正好比水的向下流、獸的向曠野奔走一樣。所以替深池把魚趕來的是水獺，替森林把鳥雀趕來的是鷂鷹，替商湯把百姓趕來的是夏桀和殷紂。現在的諸侯如果有好仁的人，那其他的諸侯都會替他把百姓趕來了。縱使不想統一天下，也是做不到的。但是今天這些希望統一天下的人，如同害了七年的病要用三年的陳艾來醫治，如果平常不積蓄，終身都得不到。如果無意於仁政，終身都會受憂受辱，以至於死亡。《詩經》說過：『要如何能辦得好，不過相率落水滅頂罷了。』也正是這個意思。」

◎①與之聚之——「與」字可看作動詞，則「與之」和「聚之」並列，當譯為「給與他們並為（ㄨㄟˋ）他們聚集」。但王引之經傳釋詞云：「家大人曰：『與』，猶『為』

也，『所欲與之聚之』，言所欲則為民聚之也。」把「與」字看為介詞，較好，譯文從此說。

②爾也—趙佑《溫故錄》：「讀『爾也』為句，則『爾』，如此；『也』用法同耳。

③走壙—走（ㄗㄡˋ），壙同「曠」。

④毆—同「驅」。

⑤爵—同「雀」。

⑥三年之艾—趙歧：「艾可以為灸人病。乾久益善，故以為喻。」

⑦其何能淑兩句—見《詩經》〈大雅、桑柔〉。鄭玄箋：「淑，善；胥，相；及、與也。」

伍、教育思想

一、善政不如善教

（一）善教　得民心

孟子曰：「仁言，不如仁聲①之入人深也；善政，不如善教之得民也。善政，民畏之；善教，民愛之②。善政，得民財；善教，得民心。」（盡心上、第十四章）

【譯文】孟子說：「仁德的言語趕不上仁德的音樂入人心之深，良好的政治趕不上良好的教育的獲得民心。良好的政治，百姓怕它；良好的教育，百姓愛它。良好的政治得到百姓的財富，良好的教育得到百姓的心。」

◎①仁聲——在《孟子》書中，「聲」有二義。一為「禹之聲」「文王之聲」（盡心下二十二章）的「聲」，指音樂而言。一為「聲聞過情」（本編二九〇頁）的聲，是指名譽之意。譯文取前義。

②善政……民愛之——趙岐：「畏之，不逋怠，故賦稅舉而財聚於一家也；愛之，樂風化而上下親，故歡心可得也。」

（二）得英才而教

孟子曰：「君子有三樂，而王天下不與存焉。父母俱存，兄弟無故①，一樂也；仰不愧於天，俯不怍於人，二樂也；得天下英才而教育之，三樂也。君子有三樂，而王天下不與存焉②。」（盡心上、二十章）

【譯文】《孟子》說：「君子有三種樂趣，但是以德服天下並不在其中。父母都健康，兄弟沒災患，是第一種樂趣；抬頭無愧於天，低頭無愧於人，是第二種樂趣；得到天下優秀人才而對他們進行教育，是第三種樂趣。君子有三種樂趣，但是以德服天下並不在其中。」

◎①故—事故。

②君子有三樂，而王天下不與存焉。—末尾再重覆一遍，是一再的強調，可見教育在孟子心目中的地位與重要性。

二、教育目標

（一）所教者五

孟子曰：「君子之所以教者五：有如時雨化之者；有成德者；有達財①者；有答問者；有私淑艾②者，此五者，君子之所以教也。」—（盡心上、第四十章）

【譯文】孟子說：「君子之所以教育的有五種：有像及時的雨水那樣潤澤萬物的，有成全品德的，有培培養才能的，有解答疑問的，還有以流風餘韻為後人所私自學習效法的。這五種便是君子之所以教育的。」

◎①財—（朱熹）與「材」同。
②私淑艾—猶「私淑」也。

（二）使自得之

孟子曰：「君子深造之以道，欲其自得之也。自得之，則居之安；居之安，則資①之深；資之深，則取之左右逢其源。故君子欲其自得之也。」（離婁下、第十四章）

【譯文】孟子說：「君子依循正確的方法來得到高深的造詣，就是要使他自覺地有所得。自覺地有所得，就能牢固地掌握它而不動搖，就能積蓄地很深；積蓄得很深，便能取之不盡，左右逢源，所以君子要自覺地有所得。」

◎①資—《說文》：「資，貸也。」段玉裁：「資者、積也。」

三、教學方法

（甲）有法

（一）有彀　有規　有矩

孟子曰：「羿①之教人射，必志於彀②；學者亦必志於彀。大匠誨人，必以規矩；學者亦必以規矩。」（告子上、第二十章）

【譯文】孟子說：「羿教人射箭，一定拉滿弓；學習的人也一定要求努力拉滿弓。有名的木工教導人，一定依循規（畫圓）矩（畫方），學習的人也一定要依循規矩。」

◎①羿—夏代諸侯有窮國之君，善射。《左傳》〈襄公四年〉：「羿將歸自田，家眾殺而亨（烹）之。」

②必志於彀—朱熹：「志猶期也；彀（ㄍㄡˋ），弓滿也。」

（二）大匠不廢繩墨

公孫丑曰：「道則高矣，美矣，宜若登天然，似不可及也。何不使彼為可幾及而日孳孳也？」

孟子曰：「大匠不為拙工而改廢繩墨①；羿不為拙射變其彀率。君子引而不發，躍如也。中道而立，能者從之。」（盡心上、第四十一章）

【譯文】公孫丑說：「道是很高很好，幾乎像登天一般，似乎不可攀及，為什麼不使它變成可以有希望攀求的，因而叫別人每天去努力呢？」

孟子說：「高明的工匠不因為拙劣工人改變或者廢棄法度、規矩；羿也不因為拙劣射手變更拉滿弓的標準。君子（教導別人正如射手，）張滿了弓，卻不發箭，作出躍躍欲試的樣子。他在正確的道路之中站住，有能力的便跟隨著來。」

◎①繩墨—木工取直的工具，以喻法度、規矩。《禮記》：「繩墨誠陳，不可欺以曲直。」

（乙）有序

（一）不成章不達

孟子曰：「孔子登東山①而小魯；登泰山而小天下②。故觀於海者難為水，遊於聖人之門者難為言。觀水有術，必觀其瀾；日月有明，容光③必照焉。流水之為物也；不盈科不行；君子之志於道也，不成章④不達。」（盡心上、第二十四章）

【譯文】孟子說：「孔子上了東山，便覺得魯國小了；上了泰山，便覺得天下也不太大；所以對於看過海洋的人，別的水便難於吸引他了。對於曾經在聖人之門學習過的人，別的議論也就難於吸引他了。看水有方法，一定要看它壯潤的波瀾。太陽月亮都有光輝，一點兒縫隙都一定照到。流水這個東西，不把窪地流滿，不再向前流；君子有志於道，沒有一定的成就，也就不能通達。」

◎①東山—當即蒙山，在今山東蒙陰縣南。

②泰山—主峰在山東泰安縣北，為中國五大山嶽之東嶽。又名泰岱、岱嶽、岱宗、岱

山。群峰羅列，以丈人峰最高。

③容光—趙岐：「容光、小隙也。」焦循：「苟有絲髮之際可以容納，則光必入而照焉。容光非小隙之名，至於小隙，極言其容之微者，以見其照之大也，故以小隙明容光。」按：此與形容人之「容光煥發」之「容光」，大有分別。

④成章—《說文》：「樂竟為一章。」按：由此引伸，事物達到一定階段，具一定規模，則可謂成章。如《國語》〈周語〉「得以講事成章」，《呂氏春秋》〈大樂〉：「陰陽變化，一上一下，會而成章，皆是此義。」

（二）放乎四海

徐子①曰：「仲尼亟稱於水，曰：『水哉！②水哉！』何取於水也？」

孟子曰：「源泉混混③，不舍晝夜，盈科④而後進，放乎四海。有本者如是，是之取爾⑤。苟為無本，七八月之間雨集⑥，溝澮皆盈；其涸也，可立而待也。故聲聞⑦過情，君子恥之。」（離婁下、第十八章）

【譯文】徐子說：「孔子多次稱贊水，說：『水呀！水呀！』他所取於水的是什麼呢？」孟子說：「有本源的水，滾滾地往下流，晝夜不停，把窪下之處注滿，又繼續向前奔流，一直流到海洋去。有本源的便像這樣，孔子取他這一點罷了。假若沒有本源，一到七、八月間，雨水眾多，大小溝渠都滿了，但是一會兒也就乾枯了。所以名譽超過實際的，君子引為恥辱。」

◎①徐子—孟子弟子。

②仲尼亟稱於水等句—亟（ㄑㄧˋ）數也。徐子說，孔子屢次稱贊水，且引：「水哉！水哉！」之文，現有經、籍無徵。唯《論語》〈子罕〉有：「子在川上，曰：『逝者如斯夫；不舍晝夜。』」

③混混—混混（ㄍㄨㄣˇ）《說文》：「混，豐流也。」段玉裁注云：「盛滿之流也。」混，俗作滾。

④科—坎也。

⑤是之取爾—即「取是爾」之倒裝句。「爾」同「耳」。

⑥七、八月之間雨集—周曆七、八月，當夏曆五、六月。《禮記》〈月令〉：「季夏之月，水潦盛昌，大雨時行。」今華北平原猶如此。

⑦聲聞——聲聞（ㄨㄣˋ），名譽也。

（二）毋使飢渴之害為心害

孟子曰：「飢者甘食，渴者甘飲，是未得飲食之正也，飢渴害之也。豈惟口腹有飢渴之害？人心亦皆有害。人無能以飢渴之害為心害，則不及人不為憂矣。」（盡心上、第二十七章）

【譯文】孟子說：「飢渴的人覺得任何食物都是甘美的，乾渴的人覺得任何飲料都是甜的。他不能知道飲料食品的正常滋味，是由於受了飢餓乾渴的損害的緣故。難道僅僅口舌肚皮有飢餓乾渴的損害嗎？人心也有這種損害。如果人們（能夠經常培養心志，）不使它遭受口腹那樣的飢餓乾渴，那（自然容易進入聖賢的境界），不會以趕不上別人為憂了。」

（丙）專心

（一）毋一暴十寒

孟子曰：「無或①乎王之不智也，雖有天下易生之物也，一日暴之，十日寒之，未有能生者也。吾見亦罕矣，吾退而寒之者至矣。吾如有萌焉何哉！今夫弈②之為數③，小數也；不專心致志，則不得也。弈秋，通國之善弈者也。使弈秋誨二人弈：其一人專心致志，惟弈秋之為聽；一人雖聽之，一心以為有鴻鵠④將至，思援弓繳⑤而射之，雖與之俱學，弗若之矣。為是其智弗若與？曰：非然也。」（告子上、第九章）

【譯文】孟子說：「王的不聰明，不足奇怪。縱使有一種最容易生長的植物，曬它一天，冷它十天，沒有能夠生長的。我和王相見的次數太少了，我退居在家，把他冷淡得也到了極點了，他雖有善良之心的萌生，我對他有什麼幫助呢？譬如下棋，這只是小技術，如果不一心一意，那就學不好。弈秋是全國的下棋聖手。假使讓他教授兩個人，一個人一心一意，只聽弈秋的話。另一個呢，雖然聽著，而心裡卻以為，有隻天鵝快要飛來，想拏起弓，用繫著絲線而便於收回的箭去射它。這樣，縱使和那人一道學習，他的成績一定不如人家。是因為他的聰明不如人家嗎？自然不是這樣的。」

◎①或—同「惑」。怪也。
②弈—說文：圍棋也。
③數—（ㄕㄨˋ）技也。術也。
④鴻鵠—朱駿聲《說文通訓定聲》：「凡鴻鵠（ㄏㄨˊ）連文者，即鵠也。今叫天鵝。
⑤繳—繳（ㄓㄨㄛˊ）以絲線繫矢之射具。

（二）求其放心

孟子曰：「仁，人心也；義，人路也。舍其路而弗由，放其心而①不知求，哀哉！人有雞犬放，則知求之；有放心而不知求。學問之道無他，求其放心②而已矣。」（告子上、第十一章）

【譯文】孟子說：「仁是人的心，義是人的路。放棄了那條正路而不走，喪失了那善良的心而不知道去找，可悲得很呀！一個人，有雞和狗走失了，便知道去尋找，有善良之心喪失了，卻不知道去尋求。學問之道沒有別的，就是把那喪失的善良之心找回來罷了。」

◎①而—用法同「則」。

②求其放心—即孟子所謂「放其良心」、「失其本心」者也。按：求放心，意即尋求找回已縱放之心，而專心於學。

（丁）有恆

（一）譬若掘井

孟子曰：「有為者，辟①若掘井；掘井九軔②而不及泉，猶為棄井也。」（盡心上、第二十九章）

【譯文】孟子說：「做一件事情譬如掏井，掏到六、七丈還不見泉水，仍然是一個廢井（須持之以恒，貫徹到底，才能竟其全功。）

◎①辟—同「譬」。

②軔—同「仞」。周制，以七或八尺為一「仞」。

（二）間然不用 茅塞之矣

孟子謂高子①曰：「山徑②之蹊③間，介然④用之而成路；為間⑤不用，則茅塞之矣。今茅塞子之心矣。」（盡心下、第二十一章）

【譯文】孟子對高子說道：「山坡的小路只一點點寬，經常去走，它便變成了一條路；只要有一個時候不去走它，又會被茅草堵塞了。現在茅草也把你的心堵塞了。」

◎①高子—趙岐：「高子齊人。孟子弟子。」

②山徑—徑同「陘」。《廣雅》〈釋丘〉：「陘，阪（山坡）也。」

③蹊—同「傒」。段玉裁《說文注》：凡始行之以待後行之徑曰「蹊」。

④介然—意志專一而不旁騖之貌。

⑤為間—即「有間（ㄐㄢˋ）」，為時不久之意。

四、環境影響

（一）居移氣　養移體

孟子自范之齊①，望見齊王之子，喟然嘆曰：「居移氣，養移體，大哉居乎！夫非盡人之子與？」

孟子曰：「王子宮室、車馬、衣服多與人同，而王子若彼者，其居使之然也；況居天下之廣居②者乎？魯君之宋，呼於垤澤之門③。守者曰：『此非吾君也，何其聲之似我君也？』此無他，居相似也。」（盡心上、三十六章）

【譯文】孟子從范邑到齊都，遠遠地望見了齊王的兒子，長嘆地說：「環境改變氣度，奉養改變體質，環境真是重要呀！他難道不是人的兒子嗎？（為什麼就顯得特別不同了呢？）」

又說：「王子的住所、馬車和衣服多半同別人相同，為什麼王子卻像那樣呢？就因為他所居住的環境使他這樣的；何況以『仁』為自己住所的人呢？魯君到宋國去，在宋國的東南城門下呼喊，守門的說：『這不是我的君主，為什麼他的聲音同我們君主這樣相像呢？』這沒有別的緣故，只因為環境相像罷了。」

◎①自范之齊—范，地名。故城在今山東范縣東南二十里。魏源《孟子年表考》：「梁襄嗣位之初，值齊宣新政之初，孟子聞以足用為善，故自范之齊。」

②廣居—朱熹：「廣居，仁也。」

③垤澤之門—垤（ㄉㄧㄝˊ）即《左傳》〈襄公十七年〉之澤門。杜預：「宋東城南門也。」

（二）一傅眾咻

孟子謂戴不勝①曰：「子欲子之王之善與？我明告子：有楚大夫於此，欲其子之齊語也；則使齊人傅諸？使楚人傅諸？」

曰：「使齊人傅之。」

曰：「一齊人傅之，眾楚人咻②之，雖日撻而求其齊也，不可得矣。引而置之莊嶽③之間數年，雖日撻而求其楚，亦不可得矣。子謂薛居州善士也，使之居於王所。在於王所者，長幼卑尊皆薛居州也，王誰與為不善？在王所者，長幼卑尊皆非薛居州也，王誰與為善？一薛居州，獨④如宋王何？」（滕文公下、第六章）

【譯文】孟子對戴不勝說：「你想要你的君王學好嗎？我明白告訴你。這裡有位楚國的官員，希望他的兒子會說齊國話，那麼，找齊國人來教呢？還是找楚國人來教呢？」

答道：「找齊國人來教。」

孟子說：「一個齊國人教他，卻有許多楚國人在咻（喧擾）他，縱使每天鞭策他，逼他說齊國話，也是做不到的；假若帶領他在臨淄莊街嶽里的鬧市，住上幾年，縱使每天鞭策他逼他說楚國話，也是做不到的。你說薛居州是個好人，要他住在王宮中。如果在王宮中年齡大的小的，地位高的低的，都是好人，那王和誰幹出壞事來呢？如果在王宮中，年齡大的小的，地位高的低的，都不是好人，那王又和誰幹出好事來呢？一個薛居州能把宋王怎麼樣呢？」

◎①戴不勝—宋臣。有以為即戴盈之。無確據。
②咻—（ㄒㄧㄡ）又（ㄒㄩ）趙歧：「讙也。」焦循：「讙，即今之喧嘩字也。」故譯為「喧擾」。
③莊嶽—莊，街名（六軌的大街）嶽，里名。
④獨—王引之《經傳釋詞》：「獨，猶將也。」一作「單獨」解。

（三）德慧術知　存乎疢疾

孟子曰：「人之有德、慧、術、知者，恆存乎疢疾①。獨孤臣、孽子②，其操心也危，其慮患也深，故達③。」（盡心上、第十八章）

【譯文】孟子說：「人之所以有德行、智慧、道術、才智，經常是由於他有災患、憂患。只有那孤立之臣，庶孽之子，他們時常提高警覺，考慮患害也深，所以才能通達事理，達到他所要存養的（德、慧、術、知的）境地。」

◎①疢疾—疢（ㄔㄣˋ），朱熹：「疢疾，猶災患也。」

②孽子—古代男子常一夫多妻，非嫡妻之子叫庶子。或孽子，地位較低。

③達—朱熹：「達，謂達於事理。」達，也是「至」的意思。

（四）困心衡慮

孟子曰：「舜發於畎畝之中①，傅說舉於版築之間②，膠鬲舉於魚鹽之中③，管夷吾舉於士④，孫叔敖舉於海⑤，百里奚舉於市。故天將降大任於是人也，必先苦其心志，勞其筋骨，餓其體膚，空乏其身，行拂亂其所為，所以動心忍性⑥，曾⑦益其所不能。人恆過，然後能改；困於心，衡於慮⑧，而後作；徵於色，發於聲，而後喻。入則無法家拂士，出則無敵國外患者⑨，國恆亡。然後知生於憂患而死於安樂也。」（告下、第十五章）

【譯文】孟子說：「舜從田野之中興起來，傅說從築牆的工作中被提舉出來，膠鬲從魚鹽的工作中被提舉出來，管夷吾從獄官的手裡被釋放而提舉出來，孫叔敖從海邊被提舉出來，百里奚從買賣場所被提舉出來。所以天將要把重大任務落到某人身上，一定先要苦惱他的心意，勞動他的筋骨，飢餓他的肚腹，窮困他的身子，他的每一行為總是不能如意，這樣，便可以震動他的心意，堅韌他的性情，增加他的能力。一個人，錯誤常常發生，才能改正；心意困苦，思慮阻塞，才能有所憤發而創造；表現在面色上，吐發在言語中，才能被人了解。一個國家，國內沒有有法度的大臣和足為輔弼的人士，國外沒有相與抗衡的鄰國和外患的憂懼，經常容易被滅亡。這樣，就可以知道憂愁患害足以使人生存，安逸快樂足以使人死亡的道理了。」

◎①傳說舉於版築之間—《史記》〈殷本紀〉云：「武丁夜夢得聖人，名曰說。以夢所見，視群臣百吏皆非也，於是乃使百工營求之野，得說於傅險中。是時說為胥靡（輕刑之名），築於傅險，見於武丁。武丁曰：『是也。』得而與之語，果聖人，舉以為相。殷國大治。故遂以傅險之「傅」姓之，號曰傅說。」版築，古人築牆，用兩版相夾，實土於其中，以杵築之。

②膠鬲舉於魚鹽之中—膠鬲「舉於魚鹽之中」，故事已不見於他書；所謂「魚鹽之中」是指「魚鹽販子之中」呢，還是指「魚鹽生產者之中」呢，亦不得而知。故譯文不增字。且膠鬲是商紂之臣，殷商亡後，他是否又在周朝做事，亦不得而知。孟子以「降大任」稱之，亦不可解。

③管夷吾舉於士—管夷吾即管仲。「士」為獄官之長。《左傳》〈莊公九年〉云：「鮑叔率師來言曰：『子糾，親也，請君討之；管召，讎也，請受而甘心焉。』乃殺子糾於生竇。召忽死之。管仲請囚，鮑叔受之，及堂阜而稅（脫）之。歸而以告曰：『管夷吾治於高傒，使相可也。』公從之。」

④孫叔敖—楚國令尹（宰相），《荀子》和《呂氏春秋》都曾說他本是「期思之鄙人」，楚之期思疑即今河南固始縣東北蔣家集之地，在淮河支流之濱，這可能就是孟子所謂「舉於海」的根據。

⑤忍性—趙岐云：「堅忍其性。」

⑥曾—同「增」。

⑦衡於慮—趙岐云：「衡，橫也。橫塞其慮於胸臆之中。」焦循云：「《大戴記》〈曾子大孝篇〉云：『夫孝，置之則塞於天地，衡之而衡於四海。』、注云：『衡，猶橫也。』是「橫」與「塞」義相近。」

⑧入則無法家拂士，出則無敵國外患者—趙岐云：「入，謂國內也；出，謂國外也。」「拂」（ㄅㄧˋ），假借為「弼」。趙岐云：「法度大臣之家，輔拂之士。」

（五）易子而教

公孫丑曰：「君子之不教子，何也？」

孟子曰：「勢不行也。教者必以正；以正不行，繼之以怒；繼之以怒，則反夷①矣。『夫子教我以正，夫子未出於正也！』則是父子相夷也；父子相夷，則惡矣。古者易子而教之，父子之間不責善。責善則離，離則不祥②莫大焉。」（離婁上、第十八章）

【譯文】公孫丑問道：「君子不親自教育兒子，為什麼呢？」

孟子答道：「由於情勢行不通，教育一定要用正理正道，用正理正道而無效，跟著來的是忿怒。一忿怒，那反而傷感情了。（兒子會這麼說：）『您拿正理正道教我，您的所作所為卻不出於正道正理。』那就是父子間互相傷感情了。父子間互相傷感情，便很不好。古時侯互相交換兒子來教育，使父子間不因求好心切而相責備。心切求好而相責備，就會使得父子間產生隔閡，父子間一有隔閡，那是最不好的事。」

◎①夷—《易》〈序卦傳〉：夷者，傷也。

②祥—《說文》：「祥、福也。」《爾雅》〈釋詁〉：「祥、善也。」古人多以「不善」解「不祥」。

（六）不教之教

孟子曰：「教亦多術矣，予不屑之教誨也者，是亦教誨之而已矣。」（告子下、第十六章）

【譯文】孟子說：「教育也有很多方式，我不屑於去教誨他，這也是一種教誨呢。」

陸、行為思想

一、行為準則

（一）人皆可以為堯舜

曹交①問曰：「人皆可以為堯舜，有諸？」

孟子曰：「然。」

「交聞文王十尺，湯九尺，今交九尺四寸以長，食粟而已，如何則可？」

曰：「奚有於是？亦為之而已矣。有人於此，力不能勝一匹雛②，則為無力人矣；今曰舉百鈞，則為有力人矣。然則舉烏獲③之任，是亦為烏獲而已矣。夫人豈以不勝為患哉？弗為耳。徐行後長者謂之弟，疾行先長者謂之不弟。夫徐行者，豈人所不能哉？所不為也。堯舜之道，孝弟而已矣。子服堯之服，誦堯之言，行堯之行，是堯而已矣。子服桀之服，誦桀之言，行桀之行，是桀而已矣。」

曰：「交得見於鄒君，可以假館，願留而受業於門。」

曰：「夫道若大路然，豈難知哉？人病不求耳。子歸而求之，有餘師。」（告子下、第二章）

【譯文】曹交問道：「人人都可以做堯舜，有這話嗎？」

孟子答道：「有的。」

曹交問：「我聽說文王身高一丈，湯身高九尺，如今我有九尺四寸多高，只會吃飯罷了，要怎樣才成呢？」

孟子說：「這有什麼關係呢？只要去做就行了。要是有人，自己以為一隻小雞都提不起來，便是毫無力氣的人；如果說能夠舉重三千斤，便是很有力氣的人了。那麼，舉得起烏獲所能舉的重量的，也就是烏獲了。人難道以不能勝任為憂嗎？只是不去做罷了。慢點兒走，走在長者之後，便叫悌；走得很快，搶在長者之前，便叫不悌。慢點兒走，難道是人所不能的嗎？只是不那樣做罷了。堯舜之道，也不過就是孝和悌而已。你穿堯的衣服，說堯的話，作堯的所作所為，便是堯了。你穿桀的衣服，說桀的話，作桀的所作所為，便是桀了。」

曹交說：「我準備去謁見鄒君，向他借個住的地方，願意留在您門下學習。」

孟子說：「道就像大路一樣，難道難於瞭解嗎？只怕人不去尋求罷了。你回去自己尋求罷，老師多得很呢。」

◎①曹交──趙岐云：「曹交，曹君之弟，交，名也。」但曹國為宋所滅，明載於《左傳》〈哀公八年〉，故王應麟《困學紀聞》云：至孟子時，曹亡久矣。復安得有曹君暨其弟？趙岐此注不知何據。

②一匹雛──「一匹雛」之語例與「一鈞金」「一輿羽」同，「鈞」與「輿」皆作量詞，則「匹」亦為量詞。「匹」本為計馬數之量詞，毛公鼎、曶鼎以及其他金文習見之。《尚書》〈文侯之命〉亦云：「馬四匹」。而「匹夫匹婦」則又用以計人，此則借以計雛。「一匹雛」猶今言一隻小雞。

③烏獲──《史記》〈秦本紀〉言秦武王時有力士烏獲，但此時孟子年已踰七十，而烏獲遠在西方之秦，未必能舉、肯舉以為例證，此烏獲或者是古之有力者，秦之力士又襲用其名耳。

（二一）仁義智禮樂之實

孟子曰：「仁之實，事親是也。義之實，從兄是也。智之實，知斯二者，弗去是也。禮之實，節文斯二者是也。樂之實，樂斯二者，樂則生矣；生則惡可已也？惡可已，則不知足之蹈之，手之舞之。」（離婁上、第二十七章）

【譯文】孟子說：「仁的主要內容是侍奉父母；義的主要內容是順從兄長；智的主要內容是明白這兩者的道理而堅持下去；禮的主要內容是對這兩者既能合宜地加以調節，又能適當地加以修飾；樂的主要內容是從這兩者之中得到快樂，快樂就生了；快樂一生就無法休止，無法休止，就會不知不覺地手舞足蹈起來了。」

（二二）匡章之過

公都子曰：「匡章，通國皆稱不孝焉，夫子與之遊，又從而禮貌之，敢問何也？」

孟子曰：「世俗所謂不孝者五，惰其四支，不顧父母之養，一不孝也；博弈好飲酒，不顧父母之養，二不孝也；好貨財，私妻子，不顧父母之養，三不孝也；從①耳目之欲，以為父母戮②，四不孝也；好勇鬥很③，以危父母，五不孝也。章子有一於是乎？夫章子，子父責善而不相遇也④。責善，朋友之道也；父子責善，賊恩之大者。夫章子，豈不欲有夫妻子母之屬哉？為得罪於父，不得近，出妻屏⑤子，終身不養焉。其設心以為不若是，是則罪之大者，是則章子而已矣。」（離婁下、第三十章）

【譯文】公都子曰：「匡章，全國都說他不孝，您卻同他來往，而且相當敬重他，請問這該怎麼說呢？」

孟子說：「一般人所謂不孝的事情有五件：四肢懶惰，不管父母的生活，一不孝；好下棋喝酒，不管父母的生活，二不孝；好錢財，偏愛妻室兒女，不管父母的生活，三不孝；放縱耳目的慾望，使父母因此受恥辱，四不孝；逞勇敢好鬥毆，危及父母，五不孝。章子在這五項之中有一項嗎？章子不過是父子中間以善相責而把關係弄壞了罷了。以善相責，這是朋友相處之道；父子之間以善相責，是最傷害感情的事。章子難道不想有夫妻母子的團聚嗎？就因為得罪了父親，不能和他親近，因此把自己妻室也趕出去，把自己兒子也趕到遠方，終身不要他侍奉。他這樣設想，不如此，那罪過更大了，這個就是章子的為人呢。」

◎①從—同縱

②戮—朱熹云：「戮，羞辱也。」按朱熹此義甚確。《左傳》〈文公六年〉：「夷之蒐，賈季戮臾駢。臾駢之人欲盡殺賈氏以報焉。臾駢曰，不可」云云，此「戮」亦羞辱之義，不可解為殺戮。

③很—今作「狠」，「很」為本字。

④章子子父責善而不相遇—《戰國策》《齊策》載齊威王之言云：「章子之母啟得罪其父，其父殺之，而埋馬棧之下。吾使章子將也，勉之曰：『夫子之強，全兵而還，必更葬將軍之母。』對曰：『臣非不能更葬先妾也，臣之母啟得罪臣之父，臣之父未教而死。夫不得父之教而更葬母，是欺死父也。故不敢。』夫為人子而不欺死父，豈為人臣欺生君哉？」全祖望《經史問答》云：「然則所云責善，蓋必勸其父以弗為已甚，而父不聽，遂不得近，此自是人倫大變。」

⑤屏—上聲，音丙（ㄅㄧㄥˇ）。《禮記》《曲禮》鄭注云：「退也。」又《王制》鄭注云：「猶放去也。」

（四）事 守 孰為大

孟子曰：「事，孰為大？事親為大。守，孰為大？守身為大。不失其身而能事其親者，吾聞之矣；失其身而能事其親者，吾未之聞也。孰不為事？事親，事之本也。孰不為守？守身，守之本也。」

「曾子養曾皙①，必有酒肉；將徹，必請所與；問有餘？必曰：『有。』曾皙死，曾元②養曾子，必有酒肉；將徹，不請所與；問有餘？曰：『亡矣，將以復進也③』：此所謂養口體者也。』若曾子則可謂養志也。事親若曾子者可也。」（離婁上、第十九章）

【譯文】孟子說：「事奉誰最重要？侍奉父母最重要。守護什麼最重要？守護自己（不使陷於不義）最重要。自己的品質節操無所失，又能侍奉父母的，我聽說過；自己的品質節操已經陷於不義了，卻能侍奉父母的，我沒有聽說過。侍奉的事都應該做，但是，侍奉父母是根本；守護的事都應該做，但是，守護自己的品質節操是根本。從前曾子奉養他的父親曾皙，每餐一定都有酒有肉；撤除的時候，一定要問，剩下的給誰；曾皙若問還有剩餘嗎？一定答道：『有。』曾皙死了，曾元養曾子，也一定有酒有肉；撤除的時候，便不問剩下的給誰了；曾子若問還有剩餘嗎，便說『沒有了。』意思是留下預備以後進用。這個叫做口體之養。至於曾子的對父親，才可以叫做順從父親意志之養。侍奉父母做到像曾子那樣就可以了。」

◎①曾晳—名點，孔子的學生。
②曾元—曾子（曾參）之子，《禮記》〈檀弓〉曾載其人。
③將以復進也—趙岐：「曾元曰無，欲以復進曾子也。」譯文從之。

（五）尊德　樂義

孟子謂宋勾踐①曰：「子好遊乎？吾語子遊②。人知之，亦囂囂③，人不知，亦囂囂。」

曰：「何如斯可以囂囂矣？」

曰：「尊德樂義，則可以囂囂矣。故士窮不失義，達不離道。窮不失義，故士得己④焉；達不離道，故民不失望焉。古之人，得志，澤加於民，不得志，修身見於世。窮則獨善其身，達則兼善天下。」（盡心上、第九章）

【譯文】孟子對宋勾踐說：「你喜歡遊說各國的君主嗎？我告訴你遊說的態度。別人理解我，我也自得其樂；別人不理解我，我也自得其樂。」

宋勾踐說：「要怎樣才能自得其樂呢？」

答道：「崇尚德，喜愛義，就可以自得其樂了。所以士人窮困時，不失掉義；得意時不離開道。窮困時不失掉義，所以自得其樂；得意時不離開道，所以百姓不致失望。古代的人，得意，惠澤普施於百姓；不得意，修養個人品德，以此表現於世人。窮困便獨善其身，得意便兼善天下。」

◎①宋勾踐—不可知。

②遊—朱熹：「遊，遊說也。」

③囂囂—（ㄒㄧㄠ），趙岐：「自得無欲之貌。」

④得己—猶言自得。

二、反身求誠

（一）萬物皆備於我

孟子曰：「萬物皆備於我矣。反身而誠，樂莫大焉。強恕而行，求仁莫近焉。」

（盡心上、第四章）

【譯文】孟子說：「一切，我都具備了。反躬自問，自己是忠誠踏實的，便是最大的快樂。不懈地以推己及人的恕道做去，達到仁德的道路沒有比這更直捷的了。」

（二）反求諸己

孟子曰：「愛人不親，反其仁；治人不治，反其智①；禮人不答，反其敬。行有不得者，皆反求諸己；其身正而天下歸之。《詩》云：『永言配命，自求多福。』」

（離婁上、第四章）

【譯文】孟子說：「我愛別人，可是別人不親近我，那得反問自己，自己的仁愛還不夠嗎？我管理別人，可是沒管好，那得反問自己，自己的智慧和知識還不夠嗎？我有禮貌地對待別人，可是得不到相應的回答，那得反問自己，自己的恭敬還不夠嗎？任何行為如果沒得到預期的效果，都要反躬自責，自己確實端正了，天下的人自會歸向他。《詩經》說過：『與天意相配的周朝萬歲呀！幸福都得自己尋求。』」

◎①反其智──《穀梁》〈僖公〉二十二年也有這種話，云：「治人而不治，則反其知。」古代「知」、「智」不分，《孟子》原文，恐當作「知」。智慧的強弱本與知識的廣狹有關，故譯文加「知識」二字。

(二)君子有終身之憂

孟子曰：「君子所以異於人者，以其存心也。君子以仁存心，以禮存心；仁者愛人，有禮者敬人。愛人者，人恆愛之；敬人者，人恆敬之。有人於此，其待我以橫逆①，則君子必自反也：『我必不仁也，必無禮也；此物奚宜至哉？』其自反而仁矣，自反而有禮矣，其橫逆由是也，君子必自反也：『我必不忠。』自反而忠矣，其橫逆由是也，君子曰：『此亦妄人也已矣！如此，則與禽獸奚擇②哉？於禽獸又何難③焉？』是故君子有終身之憂，無一朝之患也。乃若所憂則有之：舜，人也；我，亦人也；舜為法於天下，可傳於後世，我由未免為鄉人也；是則可憂也，憂之如何？如舜而已矣。若夫君子所患則亡矣；非仁無為也，非禮無行也，如有一朝之患，則君子不患矣。」（離婁下、第二十八章）

【譯文】孟子說：「君子和一般人不同的地方，就在於居心不同。君子居心於仁，居心於禮。仁人愛別人，有禮的人恭敬別人。愛別人的人，別人經常愛他；恭敬別人的人，別人經常恭敬他。假定這裡有個人，也對我橫蠻無理，那君子一定反躬自問，我一定不仁，一定無禮，不然，這種態度怎麼會來呢？反躬自問以後，我實在仁，實在有禮，那人的橫蠻無理卻仍然不改，君子一定又反躬自問，我一定不忠。反躬自問以後，我實在忠心耿耿的，那種橫蠻無禮仍然一樣，君子就會說，『這個人不過是個狂人罷了，既這麼樣，那同禽獸有什麼區別呢？對於禽獸又責備什麼呢？』所以君子有長期的憂慮，卻沒有突發的痛苦。這樣的憂慮是有的：舜是人，我也是人。舜呢，為天下人的模範，名聲傳於後代。我呢，仍然不免是一個普通人。這個才是值得憂慮的事。憂愁了又怎樣辦呢？儘力向舜學習罷了。至於君子別的痛苦那就沒有了。

不是仁愛的事不做，不是合於禮節的事不幹。即使一旦有意外飛來的禍害，君子也不以為痛苦了。」

◎①橫逆—橫（ㄏㄥ）。朱熹：「橫逆，謂強暴不順理也。」

②擇—有區別擇別之意。「奚擇，何異也。」（朱熹）以「異」釋「擇」甚是。

③難—責難之意。「何難」作「何患」解亦通。

（四）誠者天之道

孟子曰：「居下位而不獲於上①，民不可得而治也。獲於上有道：不信於友，弗獲於上矣。信於友有道：事親弗悅，弗信於友矣。悅親有道：反身不誠，不悅於親矣。誠身有道：不明乎善，不誠其身矣。是故誠者，天之道也；思誠者，人之道也。至誠而不動②者，未之有也；不誠，未有能動者也。」（離婁上、第十二章）

【譯文】孟子說：「職位卑下，又得不到上級的信任，是不能夠把百姓治好的。要得到上級的信任有方法，（首先要得到朋友的信任，）若是得不到朋友信任，也就得不到上級的信任了。要使朋友相信有方法，（首先要得到父母的歡心，）若是侍奉父母不能使父母高興，朋友也就不相信了。要使父母高興有方法，（首先要誠心誠意，）若是反躬自問，心意不誠，也就不能使父母高興了。要使自已誠心誠意也有方法，（首先要明白什麼是善，）若是不明白什麼是善，也就不能使自已誠心誠意了。所以誠是自然的規律，追求誠是做人的規律。極端誠心而不能使別人感動的，是天下不曾有過的事；不誠心、沒有能感動別人的。」

◎①獲於上—朱熹：「獲於上，得其上之信任也。」獲，鄭玄注《禮記》《中庸》這幾句話說：「獲，得也。」按孟子有時也用「得」字，如「不得乎親不可以為人」（離婁上二十八章）。「不得於君則熱中。」（萬章上第一章）。

②動—動其心。感動的意思。

三、謹取與

（一）取與不取

孟子曰：「可以取，可以無取，取傷廉。可以與，可以無與，與傷惠。可以死，可以無死，死傷勇①。」（離婁下、第二十三章）

【譯文】孟子說：「可以拿，可以不拿，拿了對廉潔有損害，（還是不拿；）可以施與，可以不施與，施與了對恩惠有傷害，（還是不施與；）可以死，可以不死，死了對勇敢有傷害，（還是不死。）」

◎①傷惠、傷勇──一般人以為可以與，可以無與，則宜與；可以死，可以不死，則宜死。孟子卻不然，認為與則傷惠，死則傷勇。毛奇齡《聖門釋非錄》引金履祥之言曰：「此必戰國之世，豪俠之習，多輕施結客，若四豪（四大公子）之類；刺客輕生，若荊軻之類。故孟子為當時戒耳。」

（二）受與不受

陳臻①問曰：「前日於齊，王餽兼金②一百③，而不受；於宋，餽七十鎰而受；

於薛④，餽五十鎰而受。前日之不受是，則今日之受非也；今日之受是，則前日之不受非也。夫子必居一於此矣。」

孟子曰：「皆是也。當在宋也，予將有遠行，行者必以贐⑤；辭曰：『餽贐。』予何為不受？當在薛也，予有戒心⑥；辭曰：『聞戒，故為兵餽之。』予何為不受？若於齊，則未有處⑦也。無處而餽之，是貨⑧之也。焉有君子而可以貨取乎？」（公孫丑下、第三章）

【譯文】陳臻問道：「過去在齊國，齊王送您上等金一百鎰，您不接受；後來在宋國，宋君送您七十鎰，您受了；在薛，薛君送您五十鎰，您也受了。如果過去的不接受是正確的，那今天的接受便錯了；如果今天的接受是正確的，那過去的不接受便錯了。二者之中，老師一定有一個錯誤。」

孟子說：「都是正確的。當在宋國的時候，我準備遠行，對遠行的人一定要送些盤費，因此他說：『送上一點盤費吧。』我為什麼不受？當在薛的時候，我聽說路上有危險，須要戒備，因此他說：『聽說你須要戒備，送點錢給您買兵器吧。』我為什麼不受？至於在齊國，就沒有什麼理由。沒有什麼理由卻要送我一些錢，這等於用金錢收買我。哪裡有君子可以拿錢收買的呢？」

◎①陳臻—趙岐云：「孟子弟子。」

②兼金—趙岐云：「兼金，好金也。其價兼倍於常者，故謂之兼金。」案：古時所謂「金」，不是今日的「黃金」，一般實際上是銅。王夫之《孟子稗疏》謂「兼者雜也，雜青金（鉛）赤金（銅）白金（錫）可以鑄泉布器用者也。」恐不可信。

③一百—趙岐云：「一百，百鎰也。古者以一鎰為一金。鎰，二十兩也。」

④薛—春秋時的薛國，此時已亡於齊，故周廣業《孟子出處時地考》云：「孟子所在之薛，乃齊靖郭君田嬰封邑，非春秋之薛也。」故城在今山東滕縣東南四十四里。

⑤贐—（ㄐㄧㄣˋ）趙岐：送行者之贈禮。

⑥戒心—時有人欲害孟子，故孟子有戒備不虞之心。

⑦未有處—沒有理由接受禮物之意。

⑧貨—動詞，賄賂之意。

（三）卻、受、仕

萬章問曰：「敢問交際①何心也？」

孟子曰：「恭也。」

曰：「『卻之卻之為不恭』，何哉？」

曰：「尊者②賜之，曰，『其所取之者義乎，不義乎？』而後受之，以是為不恭，故弗卻也。」

曰：「請無以辭卻之，以心卻之，曰，『其取諸民之不義也』，而以他辭無受，不可乎？」

曰：「其交也以道，其接也以禮，斯孔子受之矣。」

萬章曰：「今有禦③人於國門之外者，其交也以道，其餽也以禮，斯可受禦與？」

曰：「不可；《康誥》曰：『殺越人于貨，閔不畏死，凡民罔不譈④。』是不待教而誅者也。殷受夏，周受殷，所不辭也；於今為烈，如之何其受之？」

曰：「今之諸侯取之於民也，猶禦也。苟善其禮際矣，斯君子受之，敢問何說也？」

曰：「子以為有王者作，將比⑤今之諸侯而誅之乎？其教之不改而後誅之乎？夫謂非其有而取之者盜也，充類至義⑥之盡也。孔子之仕於魯也，魯人獵較⑦，孔子亦獵較。獵較猶可，而況受其賜乎？」

曰：「然則孔子之仕也，非事道⑧與？」

曰：「事道也。」

「事道奚獵較也？」

曰：「孔子先簿正祭器⑨，不以四方之食供簿正。」

曰：「奚不去也？」

曰：「為之兆⑩也。兆足以行矣，而不行，而後去，是以未嘗有所終三年淹也。孔子有見行可之仕，有際可⑪之仕，有公養⑪之仕。於季桓子，見行可之仕也；於衛靈公，際可之仕也；於衛孝公⑫，公養之仕也。」（萬章下、第四章）

【譯文】萬章問道：「請問交際的時候，當如何存心？」

孟子答道：「應該存心恭敬。」

萬章說：「『俗話說，一再拒絕人家的禮物，這是不恭敬。』為什麼呢？」

孟子說：「尊貴的人有所賜與，自己先便想想：『他取得這種禮物是合於義的呢？還是不合於義的呢？』想了以後才接受，這是不恭敬的。因此便不拒絕。」

萬章說：「我說，拒絕他的禮物，不明白說出，只是心裡不接受罷了，心裡說，『這是他取自百姓的不義之財呀』，因而用別的藉口來拒絕，難道不可以嗎？」

孟子說：「他依規矩同我交往，依禮節同我接觸，這樣，孔子都會接受禮物的。」

萬章說：「如今有一個在國都郊野攔路搶劫的人，他也依了規矩同我交往，也依禮節向我餽贈，這種贓物，便可以接受了嗎？」

孟子說：「不可以；《康誥》說，『殺死別人，搶奪財物，橫強不怕死，這種人，是沒有人不痛恨的。』這是不必先去教他就可以誅殺的。殷商接受了夏朝的這種法律，周朝接受了殷商的這種法律，沒有更改。現在搶殺行為更為利害，怎樣能夠接受呢？」

萬章說：「今天這些諸侯，他們的財物取自民間，也和攔路搶劫差不多。假若把交際的禮節搞好，君子也就接受了，請問這又是什麼道理呢？」

孟子說：「你以為若有聖王興起，對於今天的諸侯，還是一例看待全部誅殺呢？還是先行教育，如再不改悔，然後誅殺呢？而且，不是自己所有，而去取得它，把這種行為說成搶劫，這只是提高到原則性高度的話。孔子在魯國做官的時候，魯國人爭奪獵物，孔子也爭奪獵物。

爭奪獵物都可以，何況接受賜與呢？」

萬章說：「那麼，孔子的做官，不是為著行道嗎？」

孟子說：「為著行道。」

「既為著行道，為什麼又來爭奪獵物呢？」

孟子說：「孔子先用文書規定祭祀所用器物和祭品，不用別處的食物來供祭祀，（所爭奪來的獵物原為著祭祀，既不能用來供祭祀，便無所用之，爭奪獵物的風氣自然可以逐漸衰滅了。）」

萬章說：「孔子為什麼不辭官而走呢？」

孟子說：「孔子做官，先得試行一下。試行的結果，他的主張可以行得通，而君主卻不肯行下去，這纔離開，所以孔子不曾在一個朝廷停留整整三年。孔子有因可以行道而做官，也有因為君主對他的禮遇不錯而做官，也有因國君養賢而做官。對於魯國的季桓子，是因為可以行道而做官；對於衛靈公，是因為禮遇不錯而做官；對於衛孝公，是因為國君養賢而做官。」

◎①交際—朱熹云：「交際，謂人以禮儀幣帛相交接也。」把「交際」的含義，限於禮物的餽贈，大概因為下文所言都是指禮物的收受與否的緣故。我們以為下文所以只限於禮物的收拒者，蓋由「卻之卻之為不恭」一問而引起，不關「交際」的涵義。

②尊者—與「長者」不同。此以位言，「長者」以齒言。

③禦—朱熹云：「禦，止也。止人而殺之，且奪其貨也。」

④《康誥》曰殺越人于貨，閔不畏死，凡民罔不譈—今本《尚書》〈康誥〉作「殺越人于貨，暋不畏死，罔弗憝」。趙岐云：「越，於也。」「越」為虛詞，無義。「于貨」猶《詩經》〈七月〉之「于貉」。《毛傳》云：「于貉，謂取狐狸皮也。」則「于貨」，謂取其貨也。「閔」同「暋」，《說文》云：「暋，冒也。」《偽孔傳》云：「暋，強也。」「譈」「憝」同。《說文》云：「憝，怨也。」

⑤比—舊讀去聲（ㄅㄧˋ）。《禮記》〈樂記鄭注〉云：「比猶同也。」故譯為「一例看待」。

⑥充類至義—「充類」即「充其類」，「至義」猶言「極其義」，其以「充類至」為一讀者，誤。

⑦獵較—較，（ㄐㄧㄠˋ）。趙岐云：「獵較者，田獵相較奪禽獸，得之以祭，時俗所尚，以為吉祥。」

⑧事道—猶言「為道而事」，古文常有此語法。

⑨簿正祭器—《集注》引徐氏云：「先以簿書正其祭器，使有定數，不以四方難繼之物實之。本器有常數，實有常品，則其本正矣。彼獵較者，將久而自廢矣。」

⑩兆—趙岐云：「始也。」

⑪際可，公養—兩者似乎相同，但「際可」為「獨對某一人之禮遇」，「公養」則可能如齊稷下賢者之例，對當時一般人之禮待。

⑫衛孝公—《左傳》《史記》皆無衛孝公，當即出公輒，一人而二謚，本有此例。

(四) 餽、賜　辭、受

萬章曰：「士之不託諸侯①，何也？」

孟子曰：「不敢也。諸侯失國，而後託於諸侯，禮也；士之託於諸侯，非禮也。」

萬章曰：「君餽之粟，則受之乎？」

曰：「受之。」

「受之何義也？」

曰：「君之於氓②也，固周③之。」

曰：「周之則受，賜之則不受，何也？」

曰：「不敢也。」

曰：「敢問其不敢何也？」

曰：「抱關擊柝者皆有常職以食於上。無常職而賜於上者，以為不恭也。」

曰：「君餽之，則受之，不識可常繼乎？」

曰：「繆公之於子思也，亟問④，亟餽鼎肉⑤。子思不悅。於卒也，摽⑥使者出諸大門之外，北面稽首再拜⑦而不受，曰：『今而後知君之犬馬畜伋。』蓋自是臺⑧無餽也。悅賢不能舉，又不能養也，可謂悅賢乎？」

曰：「敢問國君欲養君子，如何斯可謂養矣？」

曰：「以君命將⑨之，再拜稽首而受。其後廩人繼粟，庖人⑩繼肉，不以君命將之。子思以為鼎肉使己僕僕爾⑪亟拜也，非養君子之道也。堯之於舜也，使其子九男事之，二女女焉，百官牛羊倉廩備，以養舜於畎畝之中，後舉而加⑫諸上位，故曰，王公之尊賢者也。」（萬章下、第六章）

【譯文】萬章說：「士不像寓公那樣靠諸侯生活，這是什麼道理呢？」

孟子說：「不敢如此。諸侯喪失了自己的國家，然後在別國作寓公，這是合於禮的；士作寓公，是不合於禮的。」

萬章道：「君主如果給與他以穀米，那接受不呢？」

孟子說：「接受。」

「接受又是什麼道理呢？」

答道：「君主對於由外國來的人士，本來可以周濟他。」

問道：「周濟他，就接受；賜與他，就不接受，又是什麼道理呢？」

答道：「由於不敢接受的緣故。」

問道：「不敢接受，又是什麼道理呢？」

答道：「守門打更的人都有一定的職務，因而接受上面的給養。沒有一定的職務，卻接受上面的賜與的，這是被認為不恭敬的。」

問道：「君王給他餽贈，他也就接受，不知道可以經常如此嗎？」

答道：「魯繆公對於子思，就是屢次問候，屢次送給他肉物，子思很不高興。最後一次，子思便把來人趕出大門，自己朝北面先磕頭後作揖拒絕了，說道：『今天才知道君主把我當成犬馬一樣地畜養』，大概從此便不給子思送禮了。喜悅賢人，卻不能重用，又不能有禮貌地照顧生活，可以說是喜悅賢人嗎？」

問道：「國君要對君子給以生活照顧，要怎樣才叫做有禮貌地照顧呢？」

答道：「先稱述君主的旨意送給他，他便先作揖後磕頭，接受了。然後管理倉廩的人經常送來穀米，掌供膳羞的人經常送來肉食，這些都不用稱述君主的旨意了，（接受者也就可以不再作揖磕頭了。）子思以為為著一塊肉便使自己屢次屢次地作揖行禮，這便不是照顧君子生活的方式了。堯對於舜，使自己的九個兒子向他學習，把自己的兩個女兒嫁給他，而且各種官吏，以及牛羊、倉庫無不具備，來使舜在田野之中得著周到的生活照顧，然後提拔他到很高的職位上，所以說，這是王公尊敬賢者的範例。」

◎①士之不託諸侯—周廣業《孟子出處時地考》云：「古之上士、中士、下士者，皆有職之人也。其未仕而讀書譚道者，通謂之儒，《周禮》『儒以道得民』，《魯論》『女為君子儒』是也。閒亦稱士，如《管子》士農工商為四民，曾子『士不可以不弘毅』之類。春秋而後，有游士處士，則皆無位而客游人國者矣。《孟子》所言士亦有二，萬章之『不託諸侯』，彭更之『無事而食』，及王子墊所問，此無位者也。答北宮錡及『士以旂、大夫以旌』，『前以士、後以大夫』，則並指有位者也。』託諸侯，猶言「託諸侯以生存」，譯文用舊稱「寓公」兩字以表達之。「寓公」近代的意義是客居他鄉不工作的人。在古代則指喪失國家寄居別國的諸侯，如《禮記》〈郊特牲〉：「諸侯不臣寓公。」

②氓—焦循云：「不言『君之於民』而言『氓』者，『氓』是自他國至此國之民，與「寄」之義合。」

③周—《禮記》〈月令〉，「季春之月，天子布德行惠，開府庫，出幣帛，周天下。」鄭玄云：「周謂給不足也。」

④問—當讀如《詩》《女曰鳴雞》「雜佩以問之」之「問」，蓋古人於人有所問訊或問侯，多以物相贈而表意，此「亟問」與「亟餽鼎肉」，乃一事而分言之。

⑤鼎肉—《禮記》〈少儀〉鄭玄云：「鼎肉，謂牲體已解，可升於鼎。」則以為生肉。但朱熹則云：「鼎肉，熟肉也。」

⑥摽—（ㄅㄧㄠ），趙岐云：「麾也。」

⑦稽首再拜—拜、頭至地謂之稽首；既跪而拱手，而頭俯至于手，與心平，謂之拜。再拜，拜兩次。「再拜稽首」，謂之吉拜，表示接受禮物；「稽首再拜」，謂之凶拜，此處則表示拒絕禮物。說詳閻若璩《釋地又續》及段玉裁《經韻樓集》〈釋拜〉。

⑧臺—楊樹達《積微居小學金石論叢》《孟子臺無餽解》云：「臺當讀為始，『蓋自是臺無餽』，謂魯繆公自是始不餽子思也。《說文》云：『始，女之初也。從女，台聲。』台與臺古音同。」

⑨將—《爾雅》〈釋言〉云：「將，送也。」

⑩庖人—官名，《周禮》天官之屬，掌供膳羞。詳見《周禮》〈天官冢宰第一〉。
⑪僕僕爾—趙岐云：「僕僕，煩猥貌。」
⑫加—與「夫子加齊之卿相」的「加」同義，「居」的意思。

（五）有見與不見

孟子居鄒，季任①為任處守，以幣交，受之而不報。處於平陸②，儲子為相，以幣交，受之而不報。他日，由鄒之任，見季子；由平陸之齊，不見儲子。屋廬子喜曰：「連得間矣。」問曰：「夫子之任，見季子；之齊，不見儲子，為其為相與？」曰：「非也。《書》曰③：『享多儀④，儀不及物曰不享，惟不役志于享。』為其不成享也。」

屋廬子⑤悅。或問之。屋廬子曰：「季子不得之鄒，儲子得之平陸。」（告子下、第五章）

【譯文】當孟子住在鄒國的時候，季任留守任國，代理國政，送禮物來和孟子結交，孟子接收了禮物，並不回報。又當孟子住在平陸的時候，儲子做齊國的卿相，也送禮物來和孟子結交，孟子接受了，並不回報。過一段時間，孟子從鄒國到任國，拜訪了季子。從平陸到齊都，卻不去拜訪儲子。屋廬子高興地說：「我找到老師的岔子了。」便問道：「老師到任國拜訪季子（因為他代理國政嗎？）；到齊都，不拜訪儲子，是因為儲子只是卿相嗎？」

孟子答道：「不是。《尚書》說過：『享獻之禮可貴的是儀節，如果儀節不夠，禮物雖多，只能叫做沒有享獻，因為享獻人的心意並沒有用在這上面。』

屋廬子高興得很。有人問他。他說：「季子（代理國政）不能夠親身去鄒國，儲子卻能夠親身去平陸，（他為什麼只送禮而不自己去呢？）」

◎①季任—任，國名，在今山東濟寧市。任君，風姓，季子、任君之弟。

②平陸—今山東汶上縣。距臨淄六百里。儲子既相。「秦相穰侯東行縣邑至湖關（今閿ㄨㄣˊ）鄉縣，去秦都咸陽亦幾六百里。是當日國相皆得周行其境之內，非令所禁。故曰：「儲子得之平陸。」」。

③書曰等句—見今《尚書》〈洛誥〉。

④享多儀—享以儀為多也。

⑤屋廬子—孟子弟子，名連。

（六）非其招　不往也

陳代①曰：「不見諸侯，宜若小然；今一見之，大則以王，小則以霸。且《志》曰：『枉尺而直尋，』宜若可為也。」

孟子曰：「昔齊景公田，招虞人以旌②，不至，將殺之。『志士不忘在溝壑，勇士不忘喪其元。』孔子奚取焉？取非其招不往也。如不待其招而往，何哉？且夫枉尺而直尋者，以利言也。如以利，則枉尋直尺而利，亦可為與？昔者趙簡子③使王良④與嬖奚⑤乘，終日而不獲一禽。嬖奚反命曰：『天下之賤工也。』或以告王良。良曰：『請復之。』強而後可，一朝而獲十禽。嬖奚反命曰：『天下之良工也。』簡子曰：『我使掌與女乘。』謂王良。良不可，曰：『吾為之範我馳驅⑥，終日不獲一；為之詭遇⑦，一朝而獲十。《詩》云：「不失其馳，舍矢如破⑧。」我不貫⑨與小人乘，請辭』。御者且羞與射者比⑩；比而得禽獸，雖若丘陵，弗為也。如枉道而從彼，何也？且子過矣：枉己者，未有能直人者也。」（滕文公下、第一章）

【譯文】陳代說：「不去謁見諸侯，似乎只是拘泥於小節吧；如今一去謁見諸侯，大呢，可以實行仁政，統一天下；小呢，可以改革局面，稱霸中國。而且《志》上說：『所屈折的譬如只有一尺，而所伸直的卻有八尺了』，好像可以幹一幹。」

孟子說：「從前齊景公田獵，用有羽毛裝飾的旌旗來召喚獵場管理員，管理員不去，景公便準備殺他。（可是他並不因此而畏懼，曾經得到孔子的稱贊。）因為『有志之士（堅守節操，）不怕（死無葬身之地，）棄屍山溝；勇敢的人（見義而為，）不怕喪失腦袋。』孔子對於這一獵場管理員取他哪一點呢？就是取他不是自己應該接受的召喚之禮，他硬是不去。假定我竟不等待諸侯的招致便去，那又是怎樣的呢？而且你說所屈折的只有一尺，所伸直的卻有八尺，這完全是從利的觀點來考慮的。如果專從利益來考慮，那麼，所屈折的有八尺，所伸直的卻只有一尺，也有利益，也可以幹幹麼？從前，趙簡子命令王良替他的寵幸小臣叫奚的駕車去打獵，整天打不著一隻鳥。奚向簡子回報說：『王良是個拙劣的駕車人。』有人便把這話告訴了王良。王良說：『希望再來一次。』奚被勉強之後才肯，一個早晨便打中十隻鳥。便又回報說：『王良是一個高明的駕車人呀。』趙簡子說：『那麼，我就叫他專門替你駕車。』便同王良說，王良不肯，說道：『我給他依規矩奔馳，整天打不著一隻鳥；我給他違背規矩駕車，一個早晨便打中了十隻。可是《詩經》說過，「按照規矩而奔馳，箭一放出便破的。」我不習慣於替小人來駕車，這差事我不能擔任。』駕車人尚且以同壞的射手合作為可恥，這種合作得到禽獸縱是堆集如山，也不肯幹。假定我們先屈辱自己的志向和主張而追隨諸侯，那又是為什麼呢？而且你錯了，自己不正直的人從來沒有能夠使別人正直的。」

◎①陳代—趙岐云：「孟子弟子也。」

②招虞人以旌—旌，（ㄐㄧㄥ）。《說文》云：「游車載旌，析羽注旄首，所以精進士卒也。」《左傳》〈昭公二十年〉云：「齊侯田于沛，招虞人以弓，不進，公使執之。辭曰：『昔我先君之田也，旃以招大夫，弓以招士，皮冠以招虞人。臣不見皮冠，故不敢進。』乃舍之。仲尼曰：『守道不如守官，君子韙之。』」案《左傳》所載與孟子所言雖有所不同，但大體一致。古代君王有所召喚，一定有相當的事物以見信。旌是召喚大夫用的，弓是召喚士用的，若是召喚虞人（守苑囿之吏），只能用皮冠。

③趙簡子—晉國正卿趙鞅。

④王良—《左傳》〈哀公二年〉云：「郵無恤御簡子。」杜預注云：「郵無恤，王良也。」王良為春秋末年的善御，故先秦兩漢古籍多稱之。

⑤嬖奚—嬖（ㄅㄧˋ），即「嬖人」，愛幸小人也；奚是其名。

⑥範我馳驅—「範」作動詞用，謂納我馳驅於軌範之中，根據《穀梁傳》〈昭公八年〉所載，駕御田獵的車，塵土飛揚不能出於軌道，馬蹄應該發足相應，快慢合拍。

⑦詭遇—根據《白氏六帖》〈執御篇〉所引的《孟子》舊注，以「譎」訓「詭」，謂不依法駕御為「詭遇」。案此說甚是。

⑧《詩》云等句—詩句見《小雅》〈車攻〉。王引之《經傳釋詞》云：「如破，而破也。」

⑨貫—《爾雅》〈釋詁〉：「習也。」就是今日的「慣」字。

⑩比—舊讀（ㄅㄧˋ），《漢書》〈劉歆傳〉：「比意同力。」顏師古注云：「比，合也。」案當與「子比而同之」的「比」為一義。

（七）事之乎　友之乎

萬章曰：「敢問不見諸侯，何義也？」

孟子曰：「在國曰市井之臣，在野曰草莽之臣，皆謂庶人。庶人不傳質①為臣，不敢見於諸侯，禮也。」

萬章曰：「庶人召之役，則往役；君欲見之，召之，則不往見之，何也？」

曰：「往役，義也；往見，不義也。且君之欲見之也，何為也哉？」

曰：「為其多聞也，為其賢也。」

曰：「為其多聞也，則天子不召師，而況諸侯乎？為其賢也，則吾未聞欲見賢而召之也。繆公亟見於子思②，曰『古千乘之國以友士，何如？』子思不悅，曰：『古之人有言曰，事之云乎，豈曰友之云乎③？』子思之不悅也，豈不曰，『以位，則子，君也；我，臣也；何敢與君友也？以德，則子事我者也，奚可以與我友？』千乘之君求與之友而不可得也，而況可召與？齊景公田④，招虞人以旌，不至，將殺之。『志士不忘在溝壑，勇士不忘喪其元。』孔子奚取焉？取非其招不往也。」

曰：「敢問招虞人何以？」

曰：「以皮冠⑤，庶人以旃⑥，士以旂⑦，大夫以旌。以大夫之招招虞人，虞人死不敢往；以士之招招庶人，庶人豈敢往哉？況乎以不賢人之招招賢人乎？欲見賢人而不以其道，猶欲其入而閉之門也。夫義，路也；禮，門也。惟君子能由是路，出入是門也。《詩》云⑧，『周道如底⑨，其直如矢；君子所履，小人所視⑩。』」

萬章曰：「孔子，君命召，不俟駕而行⑪；然則孔子非與？」

曰：「孔子當仕有官職，而以其官召之也。」（萬章下、第七章）

【譯文】萬章問道：「請問士子不去謁見諸侯，這是什麼道理呢？」孟子答道：「不曾有過職位的人，如果居住於城市，便叫做市井之臣；如果居住於田野，便叫做草莽之臣，這都叫做老百姓。老百姓不致送見面禮物而為臣屬，不敢去謁見諸侯，這是合於禮的。」

萬章說：「老百姓，召喚他去服役，便去服役；君主若要同他會晤，召喚他，卻不去謁見，這又為什麼呢？」

孟子說：「去服役，是應該的；去謁見，是不應該的。而且君主想去同他會晤，為的是什麼呢？」

萬章說：「為的是他見聞廣博，為的是他品德高潔。」

孟子說：「如果為的是他見聞廣博，（那便當以他為師。）天子還不能召喚老師，何況諸侯呢？如果為的是他品德高潔，那我也不曾聽說過想要同賢人相見卻隨便召喚的。魯繆公屢次地去訪晤子思，說道：『古代具有千輛兵車的國君若同士人交友，是怎樣的呢？』子思不高興，說道：『古代人的話，是說國君以士人為師吧，難道說是同士人交友嗎？』子思的不高興，難道不是這樣的意思嗎：論地位，那你是君主，我是臣下，哪敢同你交朋友呢？論道德，那你是向我學習的人，怎樣可以同我交朋友呢？」具有一千輛兵車的國君求同他交朋友都做不到，何況召喚呢？齊景公田獵，用有羽毛為裝飾的旌旗召喚獵場管理員，他不來，準備殺他。

『有志之士不怕（死無葬身之地，）棄屍山溝；勇敢的人（見義勇為，）不怕喪失腦袋。』孔子對這一管理員取他哪一點呢？就是取他不是自己所應該接受的召喚之禮，他硬是不去。」

問道：「召喚獵場管理員該用什麼呢？」

答道：「用皮帽子。召喚老百姓用全幅紅綢做的曲柄旗，召喚士用有鈴鐺的旗，召喚大夫才用有羽毛的旗。用召喚大夫的旗幟去召喚獵場管理員，獵場管理員死也不敢去；用召喚士人的旗幟去召喚老百姓，老百姓難道敢去嗎？何況用召喚不賢之人的禮節去召喚賢人呢？想同賢人會晤，卻不依循規矩禮節，就正好像要請他進來卻關閉著大門。義好比是大路，禮好比是大門。只有君子能從這一條大路行走，由這處大門出進。《詩經》說：『大路像磨刀石一樣平，像箭一樣直。這是君子所行走的，小人所效法的。』」

萬章問道：「孔子，聽說有國君之命的召喚，不等車馬駕好自己便先行走著，這樣，孔子錯了嗎？」

答道：「那是因為孔子正在做官，有職務在身，國君用他擔任的官職去召喚他。」

◎①傳質—質、禮品。庶人的質用鶩（ㄨˋ），即今之家鴨。《孟子音義》云：「執贄（同質）請見，必由將命者傳之，故謂之傳贄。」

②見於子思—以「暴見於王」「他日見於王」（梁惠王下第一章及公孫丑下第四章）

諸句語法例之，知此是繆公往見子思，為子思所接見。

③云乎—《公羊傳》〈莊公二十四年〉：「然則曷用？棗栗云乎？服修云乎？」何休注云：「云乎，辭也。」

④齊景公田等句—參見第三三八頁，註②「招虞人以旌」。

⑤皮冠—周柄中《孟子辨正》云：「皮冠蓋加于禮冠之上，田獵則以禦塵，亦以禦雨雪。楚靈狩於州來，去皮冠而與子革語，必非科頭也，可見去皮冠而仍有禮冠矣。」

⑥旃—（ㄓㄢ），《說文》云：「旗曲柄也，所以表士眾。《周禮》曰：『通帛為旃。』」

⑦旂—（ㄑㄧˊ），《說文》：「旗有眾鈴以令眾也。」又《周禮》〈春官、司常〉云：「交龍為旂」。

⑧《詩》云—以下四句見《小雅》〈大東〉。

⑨周道如底—「周道」猶如〈卷耳〉之「寘彼周行」之「周行」，謂大道也。「底」當作「厎」，「厎」即「砥」字，《詩》正作「砥」，磨刀石也。

⑩視—趙岐：視，比也。《廣雅》〈釋詁〉云：「視，效也。」

⑪孔子君命召不俟駕而行—《論語》〈鄉黨〉云：「君命召，不俟駕行矣。」

四、慎出處

（一）何如則仕

陳子①曰：「古之君子，何如則仕？」

孟子曰：「所就三，所去三。迎之致敬以有禮，言，將行其言也，則就之；禮貌未衰，言弗行也，則去之。其次，雖未行其言也，迎之致敬以有禮，則就之；禮貌②衰，則去之。其下，朝不食，夕不食，飢餓不能出門戶；君聞之曰：『吾大者不能行其道，又不能從其言也；使飢餓於我土地，吾恥之！』周之，亦可受也；免死而已矣。」（告子下、第十四章）

【譯文】陳子說：「古代的君子要怎樣才出來做官？」

孟子說：「就職的情況有三種，離職的情況也有三種。有禮貌恭敬地來迎接，對他的言論，又打算實行，便就職。禮貌雖未衰減，但言論已不實行了，便離開。其次，雖然沒有實行他的言論，還是很有禮貌很恭敬地來迎接，也便就職。禮貌衰減，便離開。最下的，早晨沒有吃，黃昏也沒有吃，餓得不能夠走出住屋，君主知道了便說：『我上者不能實行他的學說，又不聽從他的言論，使他在我國土上餓著肚皮，我引以為恥辱。』於是賙濟他，這也可以接受，免於死亡罷了。」

◎①陳子—趙岐注以為即陳臻。孟子弟子。
②禮貌—當看為一詞，正和美貌相似。又可作動詞用，如又從而禮貌之。（楊伯峻）

（二）為所當為

孟子曰：「無為其所不為，無欲其所不欲，如此而已矣。」（盡心上、第十七章）

【譯文】孟子說：「不幹那我所不幹的事；不要那我所不要的東西，這樣就行了。」

（三）殉身與殉道

孟子曰：「天下有道，以道殉身①。天下無道，以身殉道②。未聞以道殉乎人③者也。」（盡心上、第四十二章）

【譯文】孟子說「天下清明，（君子得志），『道』因之得到施行；天下黑暗，（君子守道），不惜為『道』而死，沒有聽說過犧牲『道』來遷就王侯的。」

◎①以道殉身—意思是「道」為自己所運用，朱熹：「身出則道在必行。」

②以身殉道—朱熹：「道屈則身在必退，以死相從而不離『道』也。」

③以道殉乎人—朱熹：「以道從人，妾婦之道。」意思是不惜把「道」歪曲破壞以逢迎當世的王候，等同妾婦以「順」侍人也。

（四）妻妾羞而泣

齊人有一妻一妾而處室者，其良人①出，則必饜酒肉而後反。其妻問所與飲食者，則盡富貴也。其妻告其妾曰：「良人出，則必饜酒肉而後反；問其與飲食者，盡富貴也，而未嘗有顯者來，吾將瞯良人之所之也。」蚤起，施②從良人之所之，徧國中無與立談者。卒之東郭墦閒，之祭者③，乞其餘；不足，又顧而之他——此其為饜足之道也。其妻歸，告其妾曰：「良人者，所仰望而終身也，今若此——」與其妾訕其良人，而相④泣於中庭⑤，而良人未之知也，施施⑥從外來，驕其妻妾。由君子觀之，則人之所以求富貴利達者，其妻妾不羞也，而不相泣者，幾希矣⑦。

（離婁下、第三十三章）

【譯文】齊國有一個人，家裏有一妻一妾。那丈夫每次外出，一定吃得飽飽地，喝得醉醺醺地回家。他妻子問他，一道吃喝的是些什麼人，據他說來，全都是一些有錢有勢的人物。他妻子便告訴他的妾說：「丈夫外出，總是吃飽喝醉而後回來；問他同些什麼人吃喝，全部都是一些有錢有勢的人物，但是，我從來沒見過有什麼顯貴人物到我們家裏來，我準備偷偷地看看他究竟到了些什麼地方。」

第二天一清早起來，她便尾隨在他丈夫後面行走，走遍城中，沒有一個人站住同她丈夫說話的。最後一直走到東郊外的墓地，他又走近祭掃墳墓的人那裏，討些殘菜剩飯；不夠，又東張西望地跑到別處去乞討了——這便是他吃飽喝醉的辦法。

他妻子回家裏，便把這情況告訴他的妾，並且說：「丈夫，是我們仰望而終身倚靠的人，現在他竟是這樣的——」於是她兩人便共同在庭中咒罵著，哭泣著，而丈夫還不知道，高高興興地從外面回來，向他兩個女人擺威風。

由君子看來，有些人所用的乞求升官發財的方法，能不使他妻妾引為羞恥而共同哭泣的，是很少的！」

◎①良人—《儀禮士昏禮》：「媵御良席在東。」鄭玄注云：「婦人稱夫曰良。」按六朝仍存此稱，《樂府詩集》〈讀曲歌〉：「白門前，烏帽白帽來。白帽郎是儂良，不知烏帽郎是誰」可證。王念孫《廣雅疏證》云：「『良』與『郎』聲之侈弇耳，猶古者婦稱夫曰『良』，而今謂之『郎』也。」

②施—音（ㄧˊ）又（ㄧˋ），錢大昕《潛研堂答問》云：「施，古斜字。」

③卒之東郭墦（ㄈㄢˊ）間，之祭者—何焯《義門讀書記》云：「宋元刊本以「卒之東郭墦閒」為句，「之祭者乞其餘」為句，「不足」為句，「又顧而之他」為句。上文「瞷（ㄎㄢˋ）良人之所之」，此「卒之」字，「之祭者」字，「之他」字，緊相貫注。」今從此讀。又可以作一句讀，大意相同。

④相—疑此「相」字意同「相與」，共同之意。

⑤中庭—猶言「庭中」。

⑥施施（ㄕ）—：「翩翩，自喜貌。」

⑦則人之所以求富貴利達者，其妻妾不羞也，而不相泣者，幾希矣—這句話的主語是「人之所以求富貴利達者，其妻妾不羞也，而不相泣者」，謂語是「幾希」；主語中的「者」、「也」兩字，不過因主語太長，助其停頓罷了。

（五）魯繆公無人於子思之側

孟子去齊①，宿於晝②。有欲為王留行者③，坐而言④。不應，隱几⑤而臥。

客不悅曰：「弟子齊宿⑥而後敢言，夫子臥而不聽，請勿復敢見矣。」曰：「坐！我明語子。昔者魯繆公無人乎子思之側，則不能安子思⑦；泄柳、申詳無人乎繆公之側，則不能安其身⑧。子為長者⑨慮，而不及子思；子絕長者乎？長者絕子乎？」（公孫丑下、第十一章）

【譯文】孟子離開齊國，在晝縣過夜。有一位想替齊王把孟子挽留住的人恭敬地坐著同孟子說話，孟子卻不加理會，伏在靠几上睡起來。

那人很不高興，說道：「我在準備會您的頭一天便整潔身心，今天同您說話，您卻裝睡覺，不聽我的，以後再也不敢同您相見了。」（說著，起身要走。）

孟子說：「坐下來！我明白地告訴你。過去，（魯繆公怎樣對待賢人呢？）他如果沒有人在子思身邊，就不能夠使子思安心；如果泄柳、申詳沒有人在魯繆公身邊，也就不能使自己安心。你替我這個老頭考慮，連子思怎樣被魯繆公對待都想不到，（不去勸說齊王改變態度，卻用空話留我，）這樣，還是你跟我決絕呢，還是我跟你決絕呢？」

◎①孟子去齊—閻若璩《孟子生卒年月考》云：「繫致為臣章於燕畔王慙之後，蓋君臣之隙既開，有不可以復合者矣，故孟子決然請去。」
②晝—趙岐云：「齊西南近邑也。」案「晝」在臨淄之西南，為孟子自齊返鄒必經之道；「畫」（ㄏㄨㄛˋ）在臨淄之西北三十里，為燕破齊時軍隊所經之地，一南一北，兩地不同。有人混而一之，誤。
③有欲為王留行者—閻若璩《四書釋地又續》云：「當日為王留行者，豈有不通姓名之理；為其人可略，作七篇時，遂從而略之。」
④坐而言—趙岐注云：「客危坐而言。」以「危坐」釋「坐」。蓋古人之坐不用椅凳，閻若璩《四書釋地又續》云：「兩膝著地，伸腰股而勢危者為跪；兩膝著地以尻（俗云屁股）著蹠（足踵）而少安者為坐。趙氏於「坐而言」曰「危坐」，於「坐，我明語子」單曰「坐」，蓋「危坐」者，客跪而言留孟子之言，迨不聽，然後變色而起，孟子於是命之以安坐以聽我語。此兩「坐」字殊不同。」
⑤隱几—隱，《說文》作「㥯」，云：「有所依據也。」（依王筠〈句讀〉）但古書都以「隱」字為之。「几」，《說文》云：「居几也。」「居几」就是「坐几」，為老年人坐時所倚靠的。古時無高几。
⑥齊宿—齊同「齋」。先一日齋戒，便叫「齊宿」。
⑦昔者魯繆公句—繆同「穆」。魯繆公，名顯，在位三十三年。子思，孔子之孫，名

伋。朱熹注此句云：「繆公尊禮子思，常使人候伺道達誠意於其側，乃能安而留之也。」

⑧泄柳申詳句—泄柳即告子下第六章之子柳，魯繆公時賢人。申詳，據《禮記》〈檀弓〉鄭注，為孔子學生子張之子，子游之婿。朱熹云：「繆公尊之不如子思，然二子義不苟容，非有賢者在其君之左右維持調護之，則亦不能安其身矣。」

⑨長者—趙岐云：「孟子年老，故自稱長者。」

（六）不遇故去

孟子去齊。尹士①語人曰：「不識王之不可以為湯武，則是不明也；識其不可，然且至，則是干澤②也。千里而見王，不遇故去，三宿而後出晝，是何濡滯也？士則茲不悅③。」

高子④以告。

曰：「夫尹士惡知予哉？千里而見王，是予所欲也；不遇故去，豈予所欲哉？予不得已也。予三宿而出晝，於予心猶以為速，王庶幾⑤改之！王如改諸，則必反予。

夫出晝，而王不予追也，予然後浩然⑥有歸志。予雖然，豈舍王哉！王由⑦足用⑧為善；王如用予，則豈徒齊民安，天下之民舉安。王庶幾改之！予日望之！予豈若是⑨小丈夫然哉？諫於其君而不受，則怒，悻悻然⑩見⑪於其面，去則窮日之力而後宿哉？」

尹士聞之，曰：「士誠小人也。」（公孫丑下、第十二章）

【譯文】孟子離開了齊國，尹士對別人說：「不曉得齊王不能夠做商湯、周武，那便是孟子的糊塗；曉得他不行，然而還要來，那便是孟子的貪求富貴。老遠地跑來，不相融洽而走，在晝縣歇了三夜才離開，為什麼這樣慢騰騰的呢？我對這種情況很不高興。」

高子便把這話告訴孟子。

孟子說：「尹士哪能瞭解我呢？老遠地來和齊王相見，這是我的希望；不相融洽而走，難道也是我所希望的嗎？只是我的不得已罷了。我在晝縣歇宿了三夜再離開，在我心裏還以為太快了，（我這麼想：）王也許會改變態度的；王假若改變態度，那一定會把我召回。我離開晝縣，王還沒有追回我，我才無所留戀地有回鄉的念頭。縱是這樣，我難道肯拋棄齊王嗎？齊王（雖然不能做商湯、周武，）也還可以好好地幹一番；齊王假若用我，何止齊國的百姓得到太平，天下的百姓都可以得到太平。王也許會改變態度的！我天天盼望著呀！我難道像這樣小氣人一樣嗎？向王進勸諫之言，王不接受，便大發脾氣，滿臉不高興；一旦離開，非得走到精疲力竭不肯住腳嗎？」

尹士聽到了這話以後，說：「我真是個小人。」

◎①尹士——趙岐注云：「齊人也。」

②干澤——趙岐云：「干，求也；澤，祿也。」

③茲不悅——茲，此也。這句為倒裝句，「茲不悅」即「不悅此」。

④高子——「高子亦齊人，孟子弟子。」

⑤庶幾——表示希冀的副詞。

⑥浩然——朱熹：「如水之流不可止也。」

⑦由——同「猶」。

⑧足用——猶「足以」。

⑨是——這，這樣的。王引之《經傳釋詞》云：「是，猶夫也」，則解為「那」、「那樣的」，恐不確。

⑩悻悻然——趙岐引論語之「硜硜然小人哉」作「悻悻然小人哉」，以解此「悻悻然」

為器量狹小者之貌。「悻」與「硜」古音同在耕部，聲紐亦近，故可通。鄭玄注《論語》云：「硜硜，小人之貌也。」

⑪見—同「現」。

（七）天爵　人爵

孟子曰：「有天爵者，有人爵者。仁義忠信，樂善不倦，此天爵也；公卿大夫，此人爵也。古之人修其天爵，而人爵從之。今之人修其天爵，以要人爵；既得人爵，而棄其天爵，則惑之甚者也，終亦必亡而已矣。」（告子上、第十六章）

【譯文】孟子說：「有自然爵位，有社會爵位。仁義忠信，不疲倦地好善，這是自然爵位；公卿大夫，這是社會爵位。古代的人修養他的自然爵位，於是社會爵位隨著來了。現在的人修養他的自然爵位，來追求社會爵位；已經得到了社會爵位，便放棄他的自然爵位，那就太糊塗了，結果連社會爵位也會喪失的。」

五、用中道

（一）不為已甚

孟子曰：「仲尼不為已甚者。」（離婁下、第十章）

【譯文】孟子說：「孔子是做什麼事都不過火的人。」

（二）是皆已甚者

公孫丑問曰：「不見諸候何義？」

孟子曰：「古者不為臣不見。段干木①踰垣而辟之，泄柳閉門而不納②，是皆已甚；迫，斯可以見矣。陽貨欲見孔子③而惡無禮，大夫④有賜於士，不得受於其家，則往拜其門。陽貨矙⑤孔子之亡也，而饋孔子蒸豚；孔子亦矙其亡也，而往拜之。當是時，陽貨先，豈得不見？曾子曰：『脅肩諂笑⑥，病于夏畦⑦。』子路曰：『未同而言，觀其色赧赧然，非由之所知也⑧。』由是觀之，則君子之所養，可知已矣。」

（滕文公下、第七章）

【譯文】公孫丑問道：「不主動地去謁見諸侯，是什麼道理？」

孟子說：「在古代，（一個人）如果不是諸侯的臣屬，便不去謁見。（從前魏文侯去看段干木，）段干木卻跳過牆躲開了；（魯穆公去看泄柳）泄柳關著大門不加接待，這都做得過分；如果逼著要見，也就可以相見。陽貨想要孔子來看他，又不願自己失禮，（逕行召喚。有這一條禮節，）大夫對士有所賞賜，當時士如果不在家，不能親自接受拜謝，便得再親自去大夫家裏答謝。因此陽貨探聽到孔子外出的時候，給他送去一個蒸小豬；孔子也探聽到陽貨不在，才去答謝。在這個時候，陽貨若是（不耍花招，）先去看孔子，孔子哪會不去看他？曾子說：『竦起兩肩，做著討好的笑臉，這比夏天在菜地裏工作還要累。』子路說：『分明不願意同這個人來談，卻勉強和他說話，臉上又表現出慚愧的顏色，這種人，我是不贊成的。』從這裏看來，君子怎樣來培養自己的品德節操，就可以知道了。」

◎①段干木—姓段，名干木（此從臧庸《拜經日記》說，與《史記集解》以為「段干」

複姓者異），魏文侯時賢者，其故事又散見於《史記》〈魏世家〉、《呂氏春秋》〈期賢篇〉〈舉難篇〉等。《高士傳》云：「段干木少貧賤，心志不遂，乃師事卜子夏與田子方。李克、翟璜、吳起等居於魏，皆為將，惟干木守道不仕。」

②納──作「內」，同。

③陽貨欲見孔子──事又見《論語》〈陽貨篇〉。「見」（ㄒㄧㄢˋ）舊讀去聲，為使動用法，陽貨欲使孔子來見之意。

④大夫──陽貨雖然不是魯國之卿，但為正卿季氏之宰（總管），所以也得稱「大夫」；而其時孔子在野，故稱「士」。

⑤瞯──同「瞰」（ㄎㄢˋ），窺伺也。

⑥脅肩諂笑──脅肩即竦體，故意為恭敬之狀；諂笑，強為媚悅之顏。

⑦夏畦──夏，夏天；畦（ㄑㄧˊ），灌園，澆水。

⑧非由之所知──朱熹云：「甚惡之之辭也。」

六、達權變

（一）嫂溺援之以手

淳于髡曰：「男女授受不親，禮與？」孟子曰：「禮也。」曰：「嫂溺則援之以手乎？」曰：「嫂溺不援，是豺狼也。男女授受不親，禮也。嫂溺，援之以手者，權也。」（離婁上，第十七章）（全章譯、釋，詳本編第一三四頁：貳—九—（二））

（二）先知先覺

萬章問曰：「人有言，『伊尹以割烹要湯①』，有諸？」

孟子曰「否，不然；伊尹耕於有莘②之野，而樂堯舜之道焉。非其義也，非其道也，祿之以天下，弗顧也；繫馬千駟，弗視也。非其義也，非其道也，一介③不以與人，一介不以取諸人。湯使人以幣④聘，囂囂⑤然曰：『我何以湯之聘幣為哉？我豈若處畎畝之中，由是以樂堯舜之道哉？』湯三使往聘之，即而幡⑥然改曰：『與⑦我處畎畝之中，由是以樂堯舜之道，吾豈若使是君為堯舜之君哉？吾豈若使是民為堯舜之民哉？吾豈若於吾身親見之哉？天之生此民也，使先知覺後知，使先覺覺後覺也。

予，天民之先覺者也；予將以斯道覺斯民也。非予覺之，而誰也？』思天下之民匹夫匹婦有不被堯舜之澤者，若己推而內⑧之溝中。其自任以天下之重如此，故就湯而說⑨之以伐夏救民。吾未聞枉己而正人者也，況辱己以正天下者乎？聖人之行不同也，或遠，或近；或去，或不去；歸潔其身而已矣。吾聞其以堯舜之道要湯，未聞以割烹也。《伊訓》曰：『天誅造攻自牧宮，朕載自亳⑩』」。（萬章上、第七章）

【譯文】萬章問道：「有人說，『伊尹使自己作了廚子切肉做菜以便向湯有所干求，』有這麼回事嗎？」

孟子答道：「不，不是這樣的；伊尹在莘國的郊野種莊稼，而以堯舜之道為樂。如果不合道義，縱使以天下的財富作為他的俸祿，他都不回頭望一下；縱使有四千匹馬繫在那裏，他也都不望一下。如果不合道義，一點也不給與別人，一點也不取於別人。湯曾使人拿禮物去聘請他，他即安靜地說，『我幹什麼要接受湯的聘禮呢？我何不住在田野之中，由此以堯舜之道為自得之樂呢？』湯幾次使人去聘請他，不久，他便完全改變了態度，說：『我與其住在田野之中，由此以堯舜之道為個人的快樂，又何不如使現在的君主做堯舜一樣的君主呢？又何不如使現在的百姓做堯舜時代一樣的百姓呢？（堯舜的盛世，）我又何不使它在我這時候親自看到呢？上天生育人民，就是要先知先覺者來使後知後覺者有所覺悟。我呢，是百姓中間的先覺者；我就得拿這個堯舜之道使現在的人有所覺悟。不是我去使他們覺悟，又有誰去呢？』伊尹是這樣考慮的：在天下的百姓中，如果有一個男子或一個婦女，沒有沾潤上堯舜之道的惠澤，便好像自己把他推進山溝中一樣。他是像這樣地以天下的重擔挑在自己肩上，所以到了湯那裏，便用討伐夏桀、拯救百姓的道理來說給湯聽。我沒有聽說過，先使自己屈曲，即能夠匡正別人的；何況先使自己遭受侮辱，卻能夠匡正天下的呢？聖人的行為可能各有不同，有的疏遠當時君主，有的靠攏當時君主，有的離開朝廷，有的留戀朝廷，歸根到底，都得使自己身體乾淨淨，不沾骯髒。我只聽說過伊尹用堯舜之道向湯干求，沒有聽說過他切肉做菜的事。《伊訓》說過，『上天的討伐，最初是在夏桀宮室裏由他們自己造成的，我呢，不過從殷都亳邑開始打算罷了。』」

◎①人有言，伊尹以割烹要湯──《墨子》〈尚賢篇〉云：「昔伊尹為莘氏女師僕，親為庖人，湯得而舉之。」《史記》〈殷本紀〉云：「伊尹名阿衡。阿衡欲干湯而無由，乃為有莘氏媵臣（商湯后妃的陪嫁奴僕），負鼎俎，以滋味說湯，至于王道。」而《呂氏春秋》〈本味篇〉記載此事尤為詳細。

②有莘──莘，國名，《史記正義》引《括地志》云：「古莘國，在汴州陳留縣東五里

故莘城是也。」在今河南陳留縣東北。「有」為置於名詞前之詞頭。萬章上第三章「有庳」之「有」亦如此。

③一介—王引之《經義述聞通說》以為「介」即「个」字，趙岐則以「一介草」釋「一介」。按《論衡》〈知實〉云：「天下之人有如伯夷之廉，不取一芥於人。則「一介」「一芥」猶言一點點小東西。」

④幣—《說文》云，「幣，帛也」，則幣本意是繒帛（生絲綢），古以束帛為贈勞賓客及享聘之禮物，故鄭玄注《聘禮記》云，「幣謂束帛也」。其後因為車馬玉帛同為聘享之禮物，所以渾言之皆曰幣（見徐灝《說文解字注箋》）。

⑤囂囂—閒暇貌。

⑥幡—與「翻」同。

⑦與—與其。

⑧內—同「納」。

⑨說—ㄕㄨㄟˋ，游說。

⑩《伊訓》曰，天誅造攻自牧宮，朕載自亳—趙岐云：「《伊訓》，《尚書》〈逸篇〉名。」今本《尚書》〈伊訓〉為偽古文。造，始也。牧宮，桀宮。載，亦始也。朕，伊尹自謂，蓋《伊訓》乃伊尹訓太甲之文也（此本江聲《尚書集注音疏》之

說）。任啟運《四書約旨》則謂「牧宮，湯祖廟。湯為牧伯，故祖廟稱牧宮。古者大征伐必告廟而出，反亦必告廟。此『造攻自牧宮，是告而出。』」

柒、其他

一、論《詩》

(一)以意逆志

孟子曰「……,故說詩①者,不以文害辭,不以辭害志。以意逆志,是為得之。《雲漢》之詩曰:『周餘黎民,靡有孑遺。』信斯言也,是周無遺民也。……」(萬章上、第四章、節錄。)(全章見本編一一六—一二〇頁)

【譯文】孟子說:「……,所以說詩的人,不要拘於文字而誤解辭句,也不要拘於詞句而誤解原意。用自己切身的體會去推測作者的本意,這就對了。《雲漢》的那篇詩說過:『周朝的百姓,沒有一個存留。』相信了這一句話,是周朝沒有存留一個人了。……」(按《萬章》

上、第四章，以《詩》論《史》，除〈雲漢〉外尚有〈北山〉一詩。）

（二）小弁與凱風

公孫丑問曰：「高子②曰：小弁③，小人之詩也。」

孟子曰：「何以言之？」

曰：「怨。」

曰：「固哉，高叟之為詩也！有人於此，越人關弓而射之，則己談笑而道之；無他，疏之也。其兄關弓而射之，則己垂涕泣而道之；無他，戚④之也。小弁之怨，親親也。親親，仁也。固矣夫，高叟之為詩也！」

曰：「凱風⑤何以不怨？」

曰：「凱風，親之過小者也；小弁，親之過大者也。親之過大而不怨，是愈疏也；親之過小而怨，是不可磯⑥也。愈疏，不孝也；不可磯，亦不孝也。孔子曰：『舜其至孝矣，五十而慕⑦。』」（告子下、第三章）

【譯文】公孫丑問道：「高子說，小弁這篇詩章是小人所作的，是嗎？」

孟子說：「為什麼這麼說呢？」

答道：「因為詩章有怨恨之情。」

孟子說：「高老先生的講詩真是太機械了！這裏有個人，若是越國人張開弓去射他，他可以有說有笑地講述著這事；這沒有別的原因，因為越國人和他關係疏遠。若是他哥哥張開弓去射他，那他會哭哭啼啼地講述著這事；這沒有別的原因，因為哥哥是親人。小弁的怨恨，正是熱愛親人的緣故。熱愛親人，是合乎仁的。高老先生的講詩實在是太機械了！」

公孫丑說：「凱風這一篇詩又為什麼沒有怨恨之情呢？」

答道：「凱風這篇詩，是由於母親的過錯小；小弁這一篇詩，卻是由於父親的過錯大。父母的過錯大，卻不抱怨，是更疏遠父母的表現，父母的過錯小，卻去抱怨，是反而激怒自己。更把父母疏遠是不孝，反而使自己激怒也是不孝。孔子說，『舜是最孝順的人吧，五十歲還依戀父母。』」

◎①詩──《詩經》、《詩》云。《孟子》文中引「詩」即指《詩經》而言，「詩」，共四十三次。此則為評「高叟之為詩也。」

②高子──《孟子》中「高子」凡數見，趙岐以為「孟子弟子」。此處治詩之高子，以

孟子稱之為「高叟」論之，似年長於孟子，不當為孟子弟子，故梁玉繩《古今人表考》以為是二人，然亦有以為一人者。至陸德明《經典釋文序錄》述詩之傳授，「子夏授高行子」之高行子，與孟子年代難於相接，疑別是一人。陳奐《毛詩傳疏》以為即是此高子，恐誤。

③小弁—弁（ㄆㄢˊ）。小弁在《小雅》，《毛詩》以為刺幽王，太子宜臼之傳作。（周幽王先娶申國之女，生宜臼，立為太子；其後又得褒姒，極為寵愛，生子伯服，便廢申后及太子宜臼，而立伯服為太子，宜臼且將被殺。）三家詩則以為周宣王時名臣尹吉甫之子伯奇所作。（據云吉甫娶後妻，生伯邦，乃譖伯奇於吉甫，放之於野。）

④戚—趙岐云：「戚，親也。」

⑤凱風—詩在〈國風、邶風〉，凡四章，通篇都是自責而慰母之辭。一則曰「母氏聖善，我無令人。」再則曰：「有子七人，莫慰母心。」詩序云：「凱風，美孝子也。衛之淫風流行，雖有七子之母，猶不能安其室，故美七子能盡其孝道，以慰母心，而成其志爾。」

⑥磯—音磯（ㄐㄧ）趙岐云：「磯，激也。」朱熹云：「不可磯，言微激之而怒也」

⑦慕—楊伯峻《孟子注釋》說：萬章上第一章：「萬章問曰：『舜往于田，號泣於旻

天，何為其號泣也。』孟子曰：『怨慕也。』」下文又云：「五十而慕者，予於大舜見之矣。」舜於父母，因慕而怨，「慕」字雖無怨義，但在此實已含有怨恨之意。以與上文「怨」字相照應。

二、論《書》

盡信書　不如無書

孟子曰：「盡信《書》①，則不如無《書》。吾於《武成》②，取二三策③而已矣。仁人無敵於天下，以至仁伐至不仁，而何其血之流杵也？」（盡心下、第三章）

【譯文】孟子說：「完全相信《書》，那不如沒有《書》。我對於〈武成〉一篇，所擇取的不過兩三頁罷了。仁人在天下沒有敵手，憑周武王這極為仁道的人來討伐商紂這極為不仁的人，怎麼會使得血流得那麼多，甚至把搗米用的木杵都漂流起來了呢？」

◎①書—《書經》。即《尚書》。《孟子》中引的《書》，共十二次。
②盡信《書》，則不如無《書》，吾於〈武城〉，〈武城〉、《尚書》篇名。所敘大概是周武王伐紂時的事。依《尚書正義》引鄭氏說，武成到東漢光武帝建武時，已經亡失。今之《尚書》〈武成〉篇是偽古文，敘「血流漂杵」為商紂士兵倒戈自相殘殺所致，與孟子原意不合，自不可信。
③策—竹簡，古代用竹簡書寫。按：孟子所指〈武成〉，當為古文《尚書》「〈武成〉」。亦可證《孟子》另引之《堯典》《湯誓》、《泰誓》，大概也是古文《尚書》了。」

三、論《傳》

詩亡而後春秋作。

孟子曰：「王者之迹①熄而詩亡，詩亡而後《春秋》作。晉之乘、楚之檮杌、魯之《春秋②》，一也：其事則齊桓、晉文，其文則史。孔子曰：『其義則丘竊取之矣。』」（離婁下，第二十一章）

【譯文】孟子說：「聖王採詩的事情廢止了，《詩》也就沒有了；《詩》沒有了，孔子便創作了《春秋》。（各國都有叫做『春秋』的史書，）晉國的叫作《乘》，楚國的叫作檮杌，魯國的仍叫做《春秋》，都是一樣的；所記載的事情不過如齊桓公、晉文公之類，所用的筆法不過一般史書的筆法。（至於孔子的春秋卻不然，）他說：『《詩》三百篇，寓褒貶善惡的大義，我在《春秋》上便借用了。』」

◎①迹——《說文解字》丌（ㄐㄧ）部云：「䢋，古之遒人，以木鐸記詩言。」朱駿聲《說文通訓定聲》云：「《孟子》王者之迹熄而詩亡，『迹』即「䢋」之誤。」程樹德《說文稽古》曰：「此論甚確。」楊伯峻說：考《左傳》引《夏書》曰：『遒人以木鐸徇於路。』《杜註》：『遒人，行人之官也。木鐸，木舌金鈴。徇於路，求歌謠之言。』偽〈胤征〉本此。《王制》：『命太師陳詩以觀民風。』《公羊傳》〈何註〉：『五穀畢入，民皆居宅，往十月盡正月止，男女相從而歌，饑者歌其食，勞者歌其事。男年六十、女年五十無子者，官衣食之，使之民間求詩，鄉移於邑，邑移於國，國以聞於天子，故王者不出戶牖，盡知天下。』」

②《乘》、《檮杌》、《春秋》——《春秋》本為各國史書的通名，所以《墨子》有

「吾見百國《春秋》」，「著在燕之《春秋》」、「著在宋之《春秋》」等語。晉又別名《乘》，楚又別名《檮杌》。這魯之《春秋》乃魯國當日的史書，如果孔子真修了《春秋》，當是他所據的原始資料之一，和上文的詩亡而後《春秋》作之「春秋」不同。

按：《孟子》書中之「傳」（ㄓㄨㄢˋ），指傳記、書冊者共三次（如梁惠王下、第二章）：「於傳有之。」是談論：「文王之國方七十里」事。這也可證明《孟子》中所有堯舜禹湯文武周公之傳說史事，當然也屬於「傳」了。（齊東野語、好事者為之者，當不屬之。），《詩》亡之後，百國《春秋》乃作。則之前的《詩經》、《尚書》，當然也算是「《史傳》」了。

捌、集其大成

集大成者　金聲而玉振

孟子曰：「伯夷，目不視惡色，耳不聽惡聲。非其君，不事；非其民不使。治則進，亂則退。橫①政之所出，橫民之所止，不忍居也。思與鄉人處，如以朝衣朝冠坐於塗炭也。當紂之時，居北海之濱，以待天下之清也。故聞伯夷之風者，頑②夫廉，懦夫有立志。

伊尹曰：『何事非君？何使非民？』治亦進，亂亦進，曰：『天之生斯民也，使先知覺後知。使先覺覺後覺。予，天民之先覺者也。予將以此道覺此民也。』思天下之民匹夫匹婦有不與被堯舜之澤者，若己推而內之溝中——其自任以天下之重也③。

柳下惠不羞汙君，不辭小官。進不隱賢，必以其道。遺佚而不怨，阨窮而不憫。與鄉人處，由由然不忍去也。『爾為爾，我為我，雖袒裼裸裎於我側，爾焉能浼我哉？』故聞柳下惠之風者，鄙④夫寬，薄夫敦。

孔子之去齊，接淅⑤而行；去魯，曰，『遲遲吾行也，去父母國之道也。』可以速而⑥速，可以久而⑥久，可以處而⑥處，可以仕而⑥仕，孔子也。」

孟子曰：「伯夷，聖之清者也；伊尹，聖之任者也；柳下惠，聖之和者也；孔子，聖之時者也。孔子之謂集大成。集大成也者，金聲而玉振之⑦也。金聲也者，始條理也；玉振之也者，終條理也。始條理者，智之事也；終條理者，聖之事也。智，譬則巧也；聖，譬則力也。由⑧射於百步之外也，其至，爾力也；其中，非爾力也。」（萬章下、第一章）

【譯文】孟子說：「伯夷，眼睛不看不好的事物，耳朵不聽不好的聲音。不是他理想的君主，不去侍奉；不是他理想的百姓，不去使喚。天下太平，就出來做事；天下混亂，就退居田野。施行暴政的國家，住有暴民的地方，他都不忍心去居住。他以為同鄉下佬相處，好像穿戴著禮服禮帽坐在泥塗或者炭灰之上。當商紂的時候，住在北海海邊，等待天下的清平。所以聽到伯夷的風節的人，貪得無厭的人都廉潔起來了，懦弱的人也都有獨立不屈的意志了。」

伊尹說：『哪個君主，不可以侍奉？哪個百姓，不可以使喚？』因此天下太平也出來做官，天下混亂也出來做官，並且說：『上天的生育這些百姓，就是要先知先覺的人來開導後知後覺的人。我是這些人之中的先覺者，我將以堯舜之道來開導這些人。』他這樣想：在天下的百姓中，如果有一個男子或一個婦女，沒有沾潤上堯舜之道的好處，便好像自己把他推進山溝中一樣。——這便是他把天下的重擔自己挑起來的態度。

柳下惠不以侍奉壞君為可羞，也不以官小而辭掉。立於朝廷，不隱藏自己的才能，但一定按他的原則辦事。自己被遺棄，也不怨恨；窮困，也不憂愁。同鄉下佬相處，高高興興地不忍離開。（他說，）『你是你，我是我，你縱然在我旁邊赤身露體，哪能就沾染著我呢？』所以聽到柳下惠風節的人，胸襟狹小的人也寬大起來了，刻薄的人也厚道起來了。

孔子離開齊國，不等把米淘完，漉乾就走；離開魯國，卻說，『我們慢慢走吧，這是離開祖國的態度。』應該馬上走就馬上走，應該繼續幹就繼續幹，應該不做官就不做官，應該做官就做官，這便是孔子。」

孟子又說：「伯夷是聖人之中清高的人，伊尹是聖人之中負責的人，柳下惠是聖人之中隨和的人，孔子則是聖人之中識時物的人。孔子，可以叫他為集大成者。『集大成』的意思，（譬如奏樂，）先敲鎛鐘，最後用特磬收束，（有始有終的）一樣。先敲鎛鐘，是節奏條理的開始；用特磬收束，是節奏條理的終結。條理的開始在於智，條理的終結在於聖。智好比技巧，聖好比氣力。猶如在百步以外射箭，射到，是你的力量；射中，卻不是你的力量。」

◎①橫——ㄏㄨㄥˋ，與「橫逆」之「橫」同義。

②頑——毛奇齡《四書賸言》云：「孟子『頑夫廉』，『頑』字古皆是『貪』字。」舉證甚多。臧琳《經義札記》亦如此說。

③其自任以天下之重也——此句本當作「此其自任以天下之重也」，主語「此」字省略。

④鄙——朱熹云：「鄙，狹陋也。」

⑤接淅——《說文》：「淅，汏米也。」又云：「滰，浚乾漬米也。從水，竟聲。孟子曰，夫子去齊，滰淅而行。」是許慎所據孟子「接」作「滰」。「滰」是漉乾之意。淅米、汏米，今曰淘米。

⑥而——此四「而」字用法同「則」，本編第五十七頁有此四句，「而」皆作「則」。

⑦金聲而玉振之——朱熹云：「並奏八音，則於其未作，而先擊鎛鐘（獨立懸掛的較大之鐘）以先其聲；俟其既闋，而後擊特磬（獨立懸掛之磬）以收其韻。」振，猶收也，同（《中庸》「振河海而不洩」鄭玄注。）

⑧由——同「猶」。

附錄（一）

道統的傳承

韓文公①曰：「夫所謂先王之教者，何也？博愛之謂仁，行而宜之之謂義，由是而之焉之謂道，足乎己無待於外之謂德。其文，詩、書、易、春秋；其法，禮、樂、刑、政；其民，士、農、工、賈②；其位，君、臣、父、子、師、友、賓、主、昆、弟、夫婦；……其為道易明，而其為教易行也。是故以之為己，則順而祥；以之為人，則愛而公；以之為心，則和而平；以之為天下國家，無所處而不當。……斯道也，……堯以是傳之舜，舜以是傳之禹，禹以是傳之湯，湯以是傳之文武周公，文武周公傳之孔子，孔子傳之孟軻，軻之死，不得其傳焉。……明先王之道以道之，鰥寡孤獨廢疾者③，有養也，其亦庶乎④其可也。」（節錄：〈原道〉）

【譯文】韓文公說：「講到先王的教化，究竟是什麼呢？博愛叫做仁，做事合宜叫做義，照著仁義去做叫做道，自已的天性，修養得很圓滿，無求於他人叫做德，寫成的書是詩、書、易、春秋；治國的法度是禮樂刑政；人民分士農工商四種；人與人的關係是君臣、父子、師友、賓主、兄弟、夫婦等；……這種『道』是很容易明白的；這種教化，是很容易實行的。因此，用這種道來修養自已，能夠得到順和吉祥；用來治理別人，就能很仁愛而且很公正。用來修養心性，就能很和諧平靜。用來治理天下國家，就能沒有不合宜的。……這個『道』……堯把這個道傳給舜，舜把這個道傳給夏禹，夏禹把這個道傳給商湯，商湯把這個道傳給文王、武王、周公，文王、武王、周公傳給孔子，孔子又傳給孟軻。孟軻死了以後，就沒有人得到真傳了。……（要怎樣做呢？）闡揚先王的道，用它來教導人們，使那些鰥夫、寡婦、孤兒，沒有子女的老人和殘廢有病的人，都能養活他們，能夠這樣，也就差不多了。」

◎①韓文公—韓愈，字退之，文，為其謚號，後學均尊稱韓文公。唐南陽（今河南孟縣）人，其先世曾居昌黎（今河北徐水縣西），故自稱昌黎韓愈。生於大曆三年（西元七六八年），卒於長慶四年（西元八二四年），年五十七歲。愈自許極高，以聖學為已任。自魏晉以降，佛老盛行，愈不恤生死以排斥之。唐初文章，崇尚駢體，愈力主文以載道，以復古為革命。用散文代替駢體，影響當時及後代甚鉅。為唐宋八大家（韓、柳、歐、曾、王、三蘇）之首，著有《昌黎先王集》。

②賈—音（ㄍㄨˇ）

③鰥寡孤獨廢疾者—語見《禮記》〈禮運〉，老而無妻曰鰥，老而無夫曰寡，幼而無父曰孤，老而無子曰獨。殘廢有疾病者為廢疾。

④其亦庶幾乎——庶，近也。《論語》〈先進〉：「回也其庶乎。」

附錄（二）

參考書目

趙岐　孟子章句
孫奭　孟子疏
朱熹　孟子集註
焦循　孟子正義
馮友蘭　中國哲學史（孟子思想）
裴學海　古書虛字集釋
高步瀛　孟子文法讀本
朱自清　孟子讀法指導大概（朱自清全集）
程發軔　國學概論〈經學（壬）孟子〉

張起鈞等　中國哲學史話
周　何等　國學導讀叢編
楊伯峻　孟子譯注
王邦雄等　孟子義理疏解

附錄（三）

編校後記

本書之編譔，旨在凸顯孟子之思想體系，故僅擷取《孟子》全書之半（約一百三十餘章），遺珠之憾，自屬固然。但如〈周室班爵祿〉章（萬下2），據孟子自己的說法是：「其詳不可得而聞。」〈天下之言性〉章（離下26）卻有「則故」一辭，古今註解，說法不同，迄無定論。〈齊人伐燕取之〉章（梁下12），與〈行王政齊楚何懼〉章（本書一九七頁），內容大致相同。因之未予編入。至各章、節前加以標題，主在揭示其內容之主旨。在「按語」方面，只是補充說明，不涉及評析，蓋亦意在讓讀者能「自得之」也。而孟子為文，尤於長篇中，極盡頓、挫、跌、宕之妙，充份表現出雄渾、恢宏之氣度。其所以能如此者，蓋在善養浩然之氣，更能逐層疏解，多用排語、設寓、譬比、重言、詰問等方法，乃克遂其陳義甚高，明理最切，氣勢至足之千古文章。讀者如能留意及之，當對作文、論辯，有莫大助益。更有進者，處此世衰道微、國事蜩螗之際，尤望青年俊彥，風簷展讀，緬懷先聖，勃然而興「微斯人吾誰與歸」之慨，益勵昂然而有「舍我其誰」之志。

本書之校對，計打字排版，先後共達六次之多。承李式輝、李文明二兄，及次女季鈺之協助，合多人之力，精細及於標點符號、版面頁碼，可謂已盡最大努力。惟排印書刊，殊非纖毫無誤。尤在內容取舍與體例上，容有未當。自當誠懇地希望讀者予以指正。

國家圖書館出版品預行編目

孟子思想體系：《孟子精義》選粹 / 劉執中編
譔. -- 一版. -- 臺北市 : 秀威資訊科技,
2005[民94]
面； 公分. --（哲學宗教類 ; PA0004）
參考書目:面
ISBN 978-986-7614-85-8（平裝）

1. (周)孟軻 - 學術思想 2. 孟子 - 研究與
考訂

121.267 94000153

哲學宗教類 PA0004

孟子思想體系 《孟子》精義選粹

作　　者 / 劉執中
發 行 人 / 宋政坤
執行編輯 / 李坤城
圖文排版 / 張慧雯
封面設計 / 羅季芬
數位轉譯 / 徐真玉　沈裕閔
圖書銷售 / 林怡君
網路服務 / 徐國晉
出版印製 / 秀威資訊科技股份有限公司
台北市內湖區瑞光路583巷25號1樓
電話：02-2657-9211　　傳真：02-2657-9106
E-mail：service@showwe.com.tw
經 銷 商 / 紅螞蟻圖書有限公司
台北市內湖區舊宗路二段121巷28、32號4樓
電話：02-2795-3656　　傳真：02-2795-4100
http://www.e-redant.com

2005 年 1 月 6 日　BOD 一版
定價：460 元

讀者回函卡

感謝您購買本書，為提升服務品質，請填妥以下資料，將讀者回函卡直接寄回或傳真本公司，收到您的寶貴意見後，我們會收藏記錄及檢討，謝謝！

如您需要了解本公司最新出版書目、購書優惠或企劃活動，歡迎您上網查詢或下載相關資料：http:// www.showwe.com.tw

您購買的書名：________________________________

出生日期：________年________月________日

學歷：□高中（含）以下　□大專　□研究所（含）以上

職業：□製造業　□金融業　□資訊業　□軍警　□傳播業　□自由業

□服務業　□公務員　□教職　□學生　□家管　□其它_____

購書地點：□網路書店　□實體書店　□書展　□郵購　□贈閱　□其他

您從何得知本書的消息？

□網路書店　□實體書店　□網路搜尋　□電子報　□書訊　□雜誌

□傳播媒體　□親友推薦　□網站推薦　□部落格　□其他__________

您對本書的評價：（請填代號　1.非常滿意　2.滿意　3.尚可　4.再改進）

封面設計____　版面編排____　內容____　文／譯筆____　價格____

讀完書後您覺得：

□很有收穫　□有收穫　□收穫不多　□沒收穫

對我們的建議：________________________________

____

____

____

請貼
郵票

11466
台北市內湖區瑞光路 76 巷 65 號 1 樓

秀威資訊科技股份有限公司　　　　收

BOD 數位出版事業部

....

（請沿線對折寄回，謝謝！）

姓　　名：＿＿＿＿＿＿＿＿＿＿　年齡：＿＿＿＿　性別：□女　□男

郵遞區號：□□□□□

地　　址：＿＿＿＿＿＿＿＿＿＿＿＿＿＿＿＿＿＿＿＿＿＿＿＿＿＿

聯絡電話：(日)＿＿＿＿＿＿＿＿＿＿＿＿(夜)＿＿＿＿＿＿＿＿＿＿＿＿

E-mail：＿＿＿＿＿＿＿＿＿＿＿＿＿＿＿＿＿＿＿＿＿＿＿＿＿＿